LA TRAMPA DE LA PREOCUPACIÓN

DAVID A. CARBONELL, PHD

LA TRAMPA DE LA PREOCUPACIÓN

Diseño de portada: Alma Núñez y Miguel Ángel Chávez / Grupo Pictograma Ilustradores
Traducido por: José Ruiz Millán
Diseño de interiores: Mariana Alfaro

Título original: *The Worry Trick*

Bajo el sello editorial DIANA M.R.
Avenida Presidente Masarik núm. 111, Piso 2
Colonia Polanco V Sección
Delegación Miguel Hidalgo
C.P. 11560, Ciudad de México
www.planetadelibros.com.mx

Primera edición impresa en México: noviembre de 2017
ISBN: 978-607-07-4500-3

Impreso en los talleres de Litográfica Ingramex, S.A. de C.V.
Centeno núm. 162-1, colonia Granjas Esmeralda, Ciudad de México
Impreso y hecho en México - *Printed and made in Mexico*

Este libro es para todas aquellas valientes almas
que vinieron a mi consultorio y me abrieron los ojos
a las formas de la preocupación y de la ansiedad.
¡He aprendido mucho de ustedes!
Espero que este libro transmita esa esencia.

ÍNDICE

PRÓLOGO

Me llena de alegría presentarles este libro, pues cuando vi el manuscrito por primera vez me emocioné tanto que quería recomendarlo a la mayoría de mis pacientes y a prácticamente todos los terapeutas que conocía, aunque todavía no estuviera publicado. Cada día hay más libros de autoayuda entre los cuales escoger, pero éste no puede ser ignorado, pues es radicalmente original y está lleno de pequeñas e inesperadas joyas. El doctor Carbonell tiene una manera tan particular de decir las cosas que te obliga a pensar dos veces en las creencias y prácticas preestablecidas en tu mente. Además, ¿quién esperaría que un libro sobre la preocupación pudiera ser tan divertido? Capítulo tras capítulo encontrarás ejemplos y descripciones de procesos mentales y escenarios absurdos típicos de preocupación que evocan una dulce sonrisa de reconocimiento. El autor describe las debilidades de la mente ansiosa típica de manera tan astuta y amable que te mantendrá pegado al libro. También te dirá cómo romper los círculos viciosos de la preocupación de una forma que resulta ilógica, pero al mismo tiempo tiene mucho sentido.

¿Quién debería leer este libro? Aquellos que se preocupan demasiado, aquellos que se preocupan por lo mucho que se preocupan, aquellos que aman a personas que se preocupan demasiado y también aquellos que tratan a las personas que se preocupan. Este libro es tanto para quien nunca ha tocado un libro de autoayuda como para quien tiene una montaña de éstos en su mesa de noche. Es para personas que nunca han estado en terapia, que se encuentran en terapia en este momento y hasta para quienes han probado la terapia y han quedado desilusionados. Incluso las personas que han probado la terapia cognitiva conductual y medicamentos y los han encontrado medianamente útiles encontrarán algo nuevo y liberador en este libro.

En la historia de la psicoterapia, la preocupación se ha tratado de diferentes maneras, todas ellas derivadas de las teorías psicológicas del momento. Por décadas, la terapia para aquellos que padecían preocupación consistía en investigar *por qué* les causaba preocupación lo que fuera que les preocupara, con la esperanza de que ésta se desvaneciera al encontrar la causa. Si bien muchas personas descubrieron grandes cosas sobre sí mismas, a menudo la preocupación se mantenía intacta. Otra escuela de terapia sugería que, al tratarse de un pensamiento negativo irracional, señalar los errores de pensamiento y cambiar estos pensamientos por otros positivos y racionales podría resolver la preocupación. Sin embargo, aunque las personas suelen saber lo que es un pensamiento *correcto*, las preocupaciones regresan y causan sufrimiento. De modo que las personas se preocupan aún más y se preguntan si hay algo malo en ellas, por lo que no pueden escuchar sus propios consejos durante sus interminables debates internos.

El doctor Carbonell cambia la manera en la que nos referimos a la preocupación: de los esfuerzos por analizarla o erradicarla pasa a modificar nuestra relación con ella, de manera que la presencia de la duda o de pensamientos preocupantes causen una angustia mínima. Pone punto final al conflicto interno al negarse a combatirla; si no prestas atención a lo que te preocupa, no le das el alimento que necesita para crecer. El autor te dice cómo un cambio de actitud puede liberar la alegría y otras emociones superadas por la preocupación. Los pensamientos preocupantes no se tratan como señales, mensajes, noticias o llamadas a una acción urgente, sino como preguntas incontestables con las que no vale la pena involucrarse. Su primera lección es aprender a distinguir entre los pensamientos que conducen a una acción provechosa y la *molestia* de un cerebro ansioso, y de ahí lleva al lector de la mano hacia un viaje paso a paso a la recuperación.

El doctor Carbonell es un observador sabio y sin prejuicios de la mente humana y todos podemos beneficiarnos de sus enseñanzas. Tener la valentía de abrir este libro es el primer paso. Haz el viaje a tu ritmo y verás que vas a recomendarlo a tus familiares y amigos incluso antes de terminarlo.

Sally Winston
Doctora en psicología

INTRODUCCIÓN

Joe está cenando con su esposa e hijos. Los niños están emocionados, hablando sobre su primer día de clases y todo lo que sucedió. Si estuvieras sentado ahí te darías cuenta de que Joe está más callado que su esposa, pero de vez en cuando asiente con entusiasmo y parece estar involucrado en la conversación.

Sin embargo, si pudieras escuchar los pensamientos de Joe, verías una imagen completamente diferente. Aunque asiente y voltea a ver a cada uno, no está pensando en el primer día de clases de sus hijos; de hecho, tampoco presta atención a la comida servida frente a él. Joe no pone mucha atención a lo que pasa durante la cena familiar, en el *mundo exterior*. Su mente está enfocada en un escenario imaginario en el que ve otro lugar y otro momento, en su *mundo interior*.

«Mi jefa regresa mañana —piensa Joe— y querrá ver el borrador de mi reporte sobre el plan de mercadotecnia. ¿Qué pasará si no le gusta? ¿Qué tal si piensa que debería estar más pulido? Me pagan más que a nadie en mi departamento, ¿pensará en reemplazarme con alguien más joven y que gane menos?».

Entonces, Joe se da cuenta de que el mundo exterior se ha quedado en silencio. Su familia ha dejado de hablar y todas las miradas están puestas en él. Cambia su atención, mirando de uno a otro.

—¿Qué pasa? —pregunta.

—¡Papá! —grita su hija, riendo—. ¿No vas a pasarme la mantequilla? ¡Te la pedí dos veces!

Joe le pasa la mantequilla con rapidez a su hija, hace una broma para esconder su falta de atención y sus hijos se ríen ante la distracción de su padre. Pero ahora Joe nota la mirada inquieta de su esposa y eso ocasiona una nueva preocupación en su mente. «¿Y si se da cuenta de lo preocupado que estoy por el trabajo? No quiero que se preocupe..., ¿por qué no puedo sentarme a cenar tranquilo?». Entonces, cuando la familia voltea a ver al perro que juega cerca de la mesa, otro pensamiento llega a la cabeza de Joe y es arrastrado de regreso a su mundo interior. «Espero poder dormir hoy, necesito descansar antes de ver a mi jefa. ¿Qué pasará si no puedo dormir?».

Algunas personas sólo experimentan estas preocupaciones de vez en cuando, quizá como respuesta a un nuevo conflicto en su vida, pero éste no es un problema aislado para Joe. Pasa por lo mismo en otras situaciones: en las juntas de personal, cada vez que su jefa le habla, los domingos en la noche, cuando ve la televisión o cuando platica con su esposa, en lo único que puede pensar es en el trabajo que está por llegar.

Joe se preocupa mucho. Pocas personas lo notan; de hecho, la mayoría de quienes lo conocen lo describirían como una persona tranquila. «¡A Joe nada le molesta!», dicen. Pero está fingiendo; dentro de su mente, en su mundo interior, Joe casi siempre está preocupado por algo, peleando con sus propios pensamientos para que lo dejen en paz, pero casi nunca funciona.

La preocupación es algo muy común y molesto para la mayoría de los seres humanos. ¿Qué es en realidad?

Las preocupaciones son pensamientos e imágenes que experimentamos y sugieren algo malo sobre el futuro. Nadie puede predecir el futuro, pero las preocupaciones creen poder hacerlo y además insinúan que será algo muy malo.

Llegan sin invitación, como si se colaran en una fiesta como fanáticos con una misión que deben cumplir. Creen tener un mensaje muy importante, una advertencia, y lo presentan una y otra vez, aunque eso desmerezca la atmósfera de la fiesta y nadie quiera escucharlo, pues piensan que así te evitarán un problema.

A nadie le gusta sentirse preocupado y tampoco agradece estas advertencias, ya que suele sentirse abrumado por culpa de un problema hipotético que seguramente no pasará. Aunque sepas eso, es muy difícil deshacerte de ellas. Tu atención se desvía de lo que tienes enfrente y del mundo a tu alrededor; se enfoca en tu mundo interior lleno de pensamientos sobre posibles problemas, de la misma manera en que un automovilista aparta la mirada del camino para ver un accidente.

A Joe le frustra mucho sentirse preocupado, pues le impide disfrutar su vida, invade su tiempo libre y, a pesar de los éxitos que ha tenido duante su existencia, lo hace sentirse como si fuera un fraude.

Si eres como Joe y continuamente llegan a tu mente preocupaciones de manera involuntaria, hay algo más que debes considerar: la clase de *relación* que tienes con estas preocupaciones. Si estás leyendo este libro, es muy probable que digas que has pensado mucho en esto, aunque quizá nunca se te ocurrió que tienes una relación con tus preocupaciones. Pero la tienes.

Tu relación con las preocupaciones incluye la importancia que les das cómo las interpretas, cómo te hacen sentir emocional y físicamente, qué esperas hacer con ellas, cómo deseas lograr eso que quieres hacer, cómo las afecta tu comportamiento, cómo afectan tu comportamiento y tus creencias sobre ellas. En este libro te ayudaré a entender tu relación con las preocupaciones y a cambiarla para tu beneficio.

Quizás el aspecto más importante de esta relación es cómo las preocupaciones constantemente *engañan* a la gente. Si con frecuencia te sientes más preocupado de lo que consideras normal o razonable, es muy probable que la trampa (o el engaño) de la preocupación haya definido tu relación con ésta y tal vez hasta la haya vuelto mucho más persistente y molesta. En este libro te ayudaré a identificar la trampa de la preocupación, encontraremos la evidencia de que esto está sucediendo y cambiaremos tu relación con las preocupaciones para que su poder se reduzca lo más posible.

Quizá percibas que la preocupación es un problema por sí mismo o tal vez te des cuenta de que es parte de un problema mucho más grande llamado *trastorno de ansiedad*, como un trastorno de ansiedad generalizado, trastorno de pánico, fobia social o algún otro tipo de fobia específica o un trastorno obsesivo compulsivo. Los métodos que te enseñaré pueden ser empleados como técnicas de autoayuda o pueden formar parte de un proceso que implique la ayuda de un terapeuta profesional, dependiendo de tus necesidades.

Joe se ha esforzado en eliminar sus preocupaciones por su propia cuenta, pero no lo ha logrado. Le molesta cuando sus amigos y familiares bienintencionados le sugieren que simplemente «deje de preocuparse», como si su problema tuviera una solución así de sencilla. Ha intentado muchas cosas, como dejar de pensar, mantenerse realmente ocupado, orar, meditar, mejorar su dieta, ejercitarse, tomar suplementos alimenticios, buscar el consuelo de su esposa, investigar soluciones en línea y cuantas cosas se le han ocurrido, pero nada ha funcionado.

Aun así, Joe y millones de personas como él pueden reducir los efectos negativos que tiene la preocupación en sus vidas. Si te das cuenta de que tienes más preocupación de lo que parece razonable y no has logrado reducirla, debes saber que hay mejores maneras de tratar con ella; te enseñaré cómo descubrirlas y ponerlas a trabajar.

Te sugiero que empieces este libro desde la primera página y lo leas de principio a fin a un ritmo que te parezca cómodo; toma notas y responde las preguntas que te haré. He trabajado con muchos pacientes que han luchado toda su vida contra la preocupación y a muchos de ellos les ha ayudado aplicar estos métodos. Al igual que ellos, tal vez quieras leer este libro tan rápido como te sea posible para encontrar una pronta respuesta. ¡No lo hagas!

Una pizza congelada viene con instrucciones como: «cocina a 200° durante 20 minutos», pero si tienes mucha hambre quizá pensarás: «¡La cocinaré a 400° durante 10 minutos!». Déjame decirte que todavía seguirás hambriento cuando los bomberos se hayan ido de tu casa. ¡No te apresures! Sé que tienes hambre, pero tómate tu tiempo. ¡Este libro está impreso con tinta indeleble!

CAPÍTULO 1

La trampa de la preocupación

Este capítulo será una introducción a este engaño y te enseñará cómo la gente puede ser engañada por sus preocupaciones. Será el primer paso de un proceso que reducirá el papel que la preocupación tiene en tu vida. Para muchas personas la preocupación es su acompañante constante y su mayor crítica, pero cuando entiendas cómo funciona este engaño disminuirá la frecuencia con la que caes en su trampa y vivirás menos preocupado. Te ayudaré a disminuir la preocupación para que se convierta en una molestia menor en tu día a día.

Una característica universal de la preocupación es que a todo el mundo le gustaría padecerla menos. Nunca ha llegado alguien a mi consultorio buscando más preocupaciones o hacer más grandes las que ya tiene.

¿Por qué no? ¿Por qué la gente no aprecia los consejos y advertencias que la preocupación les trae? Si un ladrón estuviera robándose mi coche, me gustaría que mi vecino me avisara para poder hablarle a la policía. ¡Hasta le daría una recompensa! ¿Por qué no sentimos lo mismo con las advertencias de la preocupación?

La preocupación: un huésped no invitado

La gente no suele apreciar la preocupación porque difícilmente, por no decir nunca, tiene información útil. Más bien, es una repetición de problemas potenciales que ya conocemos o advertencias de eventos improbables o exagerados. Es más una molestia que información relevante.

Si las preocupaciones tuvieran algo importante que decir o información relevante que dar, seguro les darías la bienvenida con gusto, pero suelen tener una precisión mínima. Si fueran útiles al menos de vez en cuando, ¡seguro ni estarías leyendo este libro! Pero las predicciones de la preocupación no se basan en lo que es probable que suceda, sino en lo más terrible que podría pasarte. No se basan en la probabilidad, sino en el miedo.

Si la preocupación fuera tu vecina, no dudarías ni un minuto en cambiarte de casa. Si la preocupación fuera tu empleada, ya la habrías despedido. Si la preocupación fuera una estación de radio, ya le hubieras cambiado o hasta apagado. Y en eso consiste el problema.

Tu cerebro no tiene un interruptor de apagado ni tampoco una forma sencilla de silenciar los pensamientos preocupantes. Esto es lo que hace de la preocupación algo complicado. Tu instinto natural es detenerla. ¡Por supuesto que lo es! Si un mosquito estuviera zumbando cerca de tu oído lo aplastarías, pero no tienes una forma sencilla de hacer lo mismo con la preocupación, porque no estamos hechos para eso. No es sólo que no tengamos una forma de detener la preocupación, es algo más.

Nuestros esfuerzos para detener la preocupación casi siempre empeoran las cosas, en lugar de mejorarlas.

Tú PUEDES cambiar tu hábito de preocupación

Eso no quiere decir que no tengas esperanza de encontrar una solución. De hecho, la preocupación es un problema manejable y solucionable. La principal razón por la cual la mayoría de las personas tiene problemas con la preocupación es que ésta te engaña. Te incita a responder de maneras que esperas te ayuden, pero que en realidad empeoran tus problemas y los hacen más persistentes.

Si has tenido problemas con la preocupación desde hace mucho tiempo y sientes que no puedes solucionarlos por tu cuenta, ésta es la razón por la cual no lo logras: no es que no puedas encontrar una solución por ser demasiado débil, nervioso, tonto o porque tengas algún defecto; no encuentras una solución porque la preocupación te engaña para que intentes resolverlo con métodos que sólo agravan el problema y lo vuelven crónico. Te ayudaré a desenmascarar este engaño, a encontrar evidencia de él en tu propia vida y a aprender cómo manejar la preocupación de una manera más efectiva.

¿Qué es la trampa de la preocupación?

Es esto: experimentas *duda,* pero la tratas como *peligro*.

Todos vivimos nuestra existencia como si supiéramos lo que va a pasar. La mayoría de los días, al salir de casa, le digo a mi esposa e hijo a qué hora llegaré a casa. Lo digo como si pudiéramos darlo por sentado, pero obviamente no puedo saberlo con certeza. Quizá tenga un paciente inesperado y salga más tarde, o tal vez no llegue mi último paciente y pueda llegar a casa temprano, quizá me tarde de más en una llamada telefónica; se me puede ponchar una llanta mientras manejo de regreso o puede pasar algo tan simple como quedarme atascado en el tráfico más tiempo del esperado. Si se trata de un día muy malo podría hasta morir inesperadamente.

Normalmente no le pongo demasiada atención a estas dudas; sé que están ahí porque no puedo predecir el futuro, pero no me molestan demasiado. Simplemente sigo trabajando y decido responder a los eventos del día conforme vayan ocurriendo. De eso se trata la vida.

¿Peligro o incomodidad?

Si tú o yo tuviéramos una duda que realmente nos molestara, seguramente responderíamos de maneras muy diferentes. Es muy probable que tratemos esa duda como si fuera una señal de *peligro* y no la *incomodidad* que solemos experimentar con la incertidumbre. Cuando te engañan para que trates la incomodidad de una duda como si fuera un peligro, te enfrentas con la duda para tratar de desterrarla de tu mente.

¿Cómo combates la duda? Quizá trates de demostrarte a ti mismo que el evento que tanto temes no pasará, pero esto lleva a que pelees contigo mismo y te sientas más ansioso que antes. Si intentas dejar de pensar en ella obtienes el mismo resultado que los regímenes que prohíben algún libro: ¡aumenta tu curiosidad e interés en el pensamiento que quieres ignorar! Es posible que intentes hacer algo que te proteja del evento al que tanto temes y entonces te preguntarás si las medidas que tomaste son suficientes o necesitas más. Podrías incluso molestar a tus familiares y amigos para que te den seguridad, pero cuando te digan que «estarás bien» creerás que sólo lo dicen para complacerte, te preocuparás y dejarás de hablar del tema.

Miedo a lo desconocido

La gente a veces habla del «miedo a lo desconocido» como si se tratara de una categoría especial del miedo. ¡Todo sobre el futuro es desconocido! No es a lo desconocido a lo que la gente le tiene miedo, más bien ese temor se desarrolla cuando piensan en el futuro y creen saber lo que pasará y, peor aún, sólo ven un panorama malo. Ahí es cuando surge el miedo.

Si planearas cocinar algo especial para tu jefa y su esposo, y pensaras: «¿Y si pierdo mucho tiempo en el tráfico de regreso a casa?», tal vez trates de eliminar esa duda elaborando un plan para que eso no pase. Podrías poner alertas en tu GPS para que te notifique acerca de las rutas con tráfico pesado, revisarías páginas de internet o denuncias ciudadanas para enterarte de las últimas noticias, tomarías calles desconocidas para el resto del mundo, aunque eso significara un camino más largo. Podrías llamar a tu esposa para preguntarle cuáles cree que son tus probabilidades de quedarte atascado en el tráfico, tratando de que te tranquilice. Quizás hasta crearías un «Plan B» y tendrías a la mano el número telefónico de algún restaurante que tenga servicio a domicilio, pero eso te recordaría que dependes mucho de tu teléfono y empezarías a vigilar su nivel de batería constantemente.

Si alguna vez has tenido un resfriado que duró más de lo normal y pensaste: «¿Y si tengo cáncer o alguna otra enfermedad incurable?», es posible que hayas implementado métodos similares para despejar tu mente de esa preocupación. Si hablaste con tu médico de cabecera, que nunca es mala idea, y eso no eliminó tu preocupación, es posible que hayas acudido también a otros doctores. Quizá comparaste tus síntomas con alguna otra enfermedad buscando en internet. Posiblemente hasta leíste los obituarios para ver si alguien de tu edad había muerto de cáncer recientemente. Seguro abriste una enciclopedia médica y hasta les preguntaste a tus vecinos si sabían algo de resfriados que afectaran a varias personas en la ciudad.

En cualquier caso, podrías perder mucho tiempo y esfuerzo tratando de comprobar que en verdad no tienes nada de qué preocuparte, que las posibilidades de que quedes atascado en el tráfico o de que te dé cáncer son nulas.

Desafortunadamente no obtendrás alivio porque no podrás probar que en verdad algo no sucederá. Puedes reconocer que es improbable, pero no hay forma de que *demuestres* que al día siguiente no sucederá alguna catástrofe, pues casi todo, sin importar qué tan improbable sea, es posible si la evidencia que buscas es lo suficientemente laxa.

No puedo comprobar que no sucederá nada que me haga llegar tarde a la cena de hoy porque es imposible saberlo. El pensamiento en sí no me molesta; si realmente me molestara, me vería tentado a hacer algo para eliminarlo y es ahí cuando podría tener problemas.

¿Puedes predecir el futuro?

Un esposo que se preocupa mucho por los accidentes de tránsito seguramente se pondría muy nervioso si su esposa no llega a casa a la hora esperada. Seguramente le hablaría por teléfono para saber si está bien y, si por casualidad lo tuviera apagado o enterrado en el fondo de su bolsa y no pudiera oírlo, su intento por tranquilizarse solamente lo dejaría más desconsolado. Entonces prendería la televisión para ver si hay alguna noticia sobre accidentes de tránsito. Por su mente pasaría el pensamiento de hablar a hospitales cercanos para saber si está ahí. Manejaría cerca de casa para ver si la encuentra y al hacer eso se preocuparía al pensar que se perdería una llamada del hospital al teléfono fijo de la casa (si es que aún tienen uno).

Cómo la preocupación resulta contraproducente

Ésta es la principal ironía de la preocupación, que tus esfuerzos para detenerla o evitarla resultan contraproducentes. Cuando tratas de convencerte de que una preocupación no existe, constantemente fallas. Entonces tomas esa falla como una señal de que sí pasará algo malo. Te preocupas más como resultado de tu esfuerzo por no preocuparte. Ése es el corazón del engaño.

Nadie conoce el futuro. Sabemos que todos morimos (¡hasta ahora!), pero no sabemos cuándo ni cómo. Muy probablemente el día de mañana sea muy parecido al de hoy, pero si tratas de probar que no será diferente, no podrás hacerlo. Si tomas eso como evidencia de que algo malo pasará, lo único que te espera es más preocupación. Te presentaré un ejemplo tomado de mi vida.

Poco después de que nació mi hijo, fue diagnosticado con ictericia, su piel estaba amarilla. Es algo común entre los recién nacidos, algo inofensivo y suele desaparecer en pocos días. Si es necesario algún tratamiento, la indicación común es una terapia en la que el niño recibe una luz especial durante varios días. Mi hijo necesitaba esa terapia.

La plática con nuestro pediatra no fue alentadora. Mi esposa preguntó qué pasaría si la terapia de luz no arreglaba el problema. Él respondió que eso era improbable, pues casi siempre funcionaba, pero nombró algunas complicaciones que podrían surgir. Entonces ella preguntó qué podría hacerse en caso de que eso sucediera, a lo cual él respondió que algunos procedimientos menores ayudarían. Ella siguió cuestionando los pasos a seguir si eso no funcionaba, el doctor le dijo que eso era improbable, pero que en caso de enfrentarnos con una situación extrema una transfusión total de sangre, reemplazar por completo la sangre del cuerpo de nuestro hijo, podría solucionar el problema. Mi esposa preguntó si eso era seguro y él le aseguró que el suministro de sangre suele serlo, pero que siempre está el riesgo de contraer sida, hepatitis C y otras enfermedades.

¡Fueron 10 minutos muy angustiantes! Habíamos pasado, en segundos, de planificar un tratamiento de rutina para nuestro hermoso hijo a contemplar la posibilidad de que se contagiara de sida antes de su primer cumpleaños. Fue una tontería, no porque seamos tontos, sino porque hicimos lo que se esperaba de nosotros como padres y doctores. Mi esposa pidió respuestas concretas a preguntas hipotéticas remotas para calmar sus preocupaciones. El pediatra las respondió honesta y completamente, tratando de eliminar nuestras dudas. No hice nada porque no pude pensar en cómo mejorar la situación. El resultado fue que pasamos mucho tiempo preocupándonos por un terrible problema que estaba casi garantizado (pero no del todo) que no sucedería. Durante varios días, hasta que la ictericia empezó a desaparecer poco a poco, vivimos con pensamientos intermitentes de que nuestro hijo contraería una enfermedad mortal.

Dije «casi garantizado (pero no del todo) que no sucedería» porque uno nunca puede garantizar por completo que algo no pasará. Aunque sea algo que parezca imposible, nunca tendrás la seguridad que buscas. A continuación te presento un ejemplo de lo que quiero decir:

> Yo: ¿Y si la ley de gravedad se revoca y todos terminamos flotando en el cielo y chocamos?
> Científico: Eso es imposible porque (inserta prueba sumamente científica), mecánica cuántica, el embudo de la ley de termodinámica y bla, bla, bla.
> Yo: Pero ¿y si sucede?

¡La preocupación siempre tiene la última palabra!

Déjame preguntarte algo.

¿La llanta de tu coche está ponchada? (¡No te asomes por la ventana!).

Cuando le hago esta pregunta a cualquier persona en mi consultorio, casi siempre la respuesta es «no», pero si no pueden ver su coche desde mi ventana, ¿cómo pueden estar seguros?

No lo están. Simplemente saben que no lo estaba la última vez que vieron su auto y con eso les basta. A menos que constantemente se preocupen por ponchaduras o sea un problema recurrente para ellos, casi todo el mundo asume que sus llantas están bien.

Pero con los temas que sí les preocupan quieren tener una certeza absoluta de que nada malo sucederá y por eso constantemente tratan de comprobar que el problema al que tanto temen no existe ni existirá. Si quisieran estar seguros de que su llanta no está ponchada bajarían al estacionamiento para comprobarlo, además de que mencionarían sus dudas una y otra vez durante la sesión, buscando seguridad.

Existe una solución para este problema y escribí este libro con el fin de ayudarte a encontrarla. Si eres como la mayoría de las personas que lidia con la preocupación y la ansiedad, tal vez no te sientas del todo cómodo leyendo este libro. Esperas que tenga algunas respuestas, pero al mismo tiempo te preocupa crear más problemas de los que ya tienes. ¡Seguro piensas que ya tienes suficientes preocupaciones y no necesitas ayuda para pensar en nuevas! Tal vez viste este libro en la librería, lo hojeaste rápidamente (o examinaste algunas páginas de muestra en línea) y ahora estás listo para regresarlo al estante si empiezas a sentirte ansioso al leerlo.

La gente suele estar acostumbrada a usar distracciones o cualquier otra técnica para evitar pensamientos desagradables, ¡como que un libro sobre la preocupación sea preocupante! Va en contra de su instinto natural de evitar la preocupación a toda costa.

Es posible que te sientas más ansioso al leer estas palabras por primera vez. De hecho, es muy probable. Entiendo lo incómodo que eso puede ser, pero quiero que sepas que no es necesariamente un mal augurio. La primera vez que las personas vienen a verme buscando ayuda por sus problemas de ansiedad y preocupación suele ser la visita más ansiosa. Esperan tener un buen resultado, tienen miedo de que no sea así, y especialmente les preocupa que nuestra plática les cree más preocupaciones en vez de disminuirla. Esto se llama *ansiedad anticipatoria*, del tipo que experimentas justo antes de comenzar un trabajo.

¿Alguna vez te has parado en la orilla de la playa, tratando de acostumbrarte a la temperatura del agua antes de entrar por completo? Quizá te quedas parado ahí por un buen rato, sintiendo frío, salpicando agua en tus tobillos para acostumbrarte a la temperatura del agua, pero a pesar de todos tus esfuerzos seguramente sientes más frío parado, sintiendo la brisa, experimentando la diferencia de temperatura entre tus pies dentro del agua y el resto de tu cuerpo. No te aclimatarás en verdad a la temperatura del agua hasta que te metas por completo, entonces te sentirás mucho más cómodo. Tu deseo natural de sentirte cómodo hace que *primero* experimentes incomodidad y retrases la sensación de alivio que llega en el momento en que entras al agua.

Así es como funciona la preocupación. Es normal que te sientas nervioso al principio, de hecho, es hasta predecible. No dejes que esos nervios te engañen, pronto desaparecerán. ¡Entra, el agua está deliciosa!

Conoce a los preocupones

Antes de que te cuente más sobre la preocupación crónica, quiero presentarte a dos preocupones. Poder observar y entender los patrones en otras personas más fácilmente que en nosotros mismos es una característica del ser humano. Tal vez escuchar la experiencia de alguien más con la preocupación crónica pueda ayudarte a entender mejor tu propio caso. En particular, considerar la experiencia de alguien más con preocupación crónica puede ayudarte a ver claramente cómo la preocupación te engaña para que respondas de maneras que sólo empeoran la situación.

Los siguientes casos no existen tal como son descritos, están compuestos por las historias de muchos pacientes con los que he trabajado a lo largo de varios años. Sin embargo, los detalles de sus luchas internas representan con precisión la batalla que libran con diferentes formas de preocupación crónica.

CASO 1: SCOTT

Scott estaba sentado detrás de su escritorio, veía el monitor de la computadora y tecleaba de vez en cuando, pero su mente estaba en otro lugar. No había avanzado nada en su reporte y eso le preocupaba. «¿Qué pasará si sigo tan preocupado que no puedo trabajar?». Entonces comenzó a visualizar al personal de seguridad que llegaba a su oficina para llevárselo con todas sus cosas. ¿Sus empleados se formarían en el pasillo para ver cómo se iba despedido? ¿Iría directo a casa para decirle a su esposa? ¿Ella lo abandonaría, desilusionada? ¿Se detendría en un bar a tomar hasta quedar inconsciente? ¿Y si se peleaba con alguien, lo lastimaba y después lo arrestaban?

En ese momento se dio cuenta de que le dolía la cabeza y se preguntó si tanta preocupación le estaba causando un derrame cerebral. No estaba seguro de lo que era un derrame cerebral o de cómo ocurría, pero ¿qué tal si así era como sucedía, sentado en tu escritorio y preocupándote? Se sentía sediento y en ese momento recordó una advertencia que había escuchado sobre la deshidratación en los vuelos largos. «¿Cuánto tiempo es demasiado sin tomar agua?», pensó. Tal vez la deshidratación contribuía a un derrame cerebral. Se levantó y empujó la silla hacia atrás, decidido a ir por agua. Su espalda le dolía. Recordó que casi no había dormido y deseó tener más suerte esa noche. Se preguntó si habría podido dormir si se hubiera acostado más temprano o más tarde. ¿Y si estaba tan cansado que se había vuelto ineficiente en su trabajo?

Mientras caminaba hacia el garrafón, recordó que su jefa estaría en su oficina todo el día. Tendría que pasar frente a ella para llegar al garrafón. ¿Y si alzaba la mirada y lo veía? ¿Y si le preguntaba por qué no estaba en su oficina, trabajando, y pensaba que estaba perdiendo su agudeza mental? ¿Y si ella decía «Hola, Scott», y él no pensaba en nada que decir y sólo balbuceaba? Los estarían evaluando en tres meses.

¿Qué pasaría si ella notaba lo ansioso que estaba? Lo respaldaba un buen historial como trabajador, tenía evaluaciones sobresalientes y ascensos constantes, pero ¿y si éste era su límite, y era evidente para ella y todos los demás? ¿Y si ya se habían dado cuenta?

Scott decidió que no tenía tanta sed y regresó a su oficina. Intentó seguir trabajando en su reporte e hizo algunas revisiones, pero no pasó mucho tiempo antes de que pensara: «¿Si me deshidrato y me da un ataque epiléptico?». Trató de distraerse jugando solitario en la computadora, pero los pensamientos preocupantes siempre regresaban. Así que por fin decidió usar el buscador en su computadora para investigar sobre las convulsiones, la deshidratación y los derrames cerebrales.

Y así sigue el círculo vicioso. Scott en realidad es un hombre sano, un empleado valioso y productivo, con una buena familia y una vida aparentemente feliz, pero también es un preocupón.

Trató de controlar sus preocupaciones de muchas maneras. Tomó medicamentos por un tiempo, pero no le gustó cómo se sentía con ellos y le preocupaban los efectos secundarios a largo plazo, aunque el doctor le aseguró que muy probablemente nunca sufriría de alguno. Hoy bebe más que antes, cree que lo ayudará a dormirse más rápido y sin dar tantas vueltas en la cama. Sí, lo ayuda a quedarse dormido, pero al despertar no se siente descansado y además le preocupa convertirse en un alcohólico. Se ejercita constantemente y vigila su dieta para estar lo más sano que pueda, pero sabe que tiene una mente enferma en un cuerpo sano. Pensó en probar la meditación, pero le dio miedo que su mente estuviera en blanco; temía que se llenara de nuevo, pero esta vez sólo con preocupaciones. Pasa mucho tiempo intentando distraerse y evitando los pensamientos desagradables. Prefiere no ver las noticias ni leer el periódico porque les tiene miedo a los temas preocupantes. Evita los programas de televisión sobre hospitales y otros escenarios médicos

Un preocupón crónico

Scott trató de ir a terapia varias veces y se le diagnosticó trastorno de ansiedad generalizada. En la terapia se enfocaban en su infancia y en otras experiencias de vida, lo cual le ayudó a entenderse mejor a sí mismo, pero no solucionó su preocupación. Pasó también por una terapia cognitivo-conductual, que le fue útil para evaluar sus pensamientos y encontrar los errores en ellos y corregirlos; esto al parecer le ayudó, pero a la larga sólo se enfocaba más en sus pensamientos y discutía consigo mismo sobre la exageración de sus ideas; trataba de erradicar todos los «errores» en sus pensamientos, pero sólo se sentía frustrado y aprensivo al no poder hacerlo. Se sentía incómodo al escribir sus pensamientos en una libreta para después evaluarlos, porque a veces parecían causarle más problemas y, gradualmente, dejó de ir a terapia.

Scott se siente mejor cuando no está preocupado. A veces pasa días o hasta semanas sin una sola preocupación. Eso lo hace sentir muy bien, pero tarde o temprano se da cuenta de lo bien que se siente y que no ha estado preocupándose, y entonces los pensamientos llegan. «¿Y si empiezo a preocuparme de nuevo?». Seguro pueden adivinar lo que sigue: empieza a preocuparse, trata de detenerse, no puede parar y el ciclo se repite. A veces se siente desolado al alternar entre preocuparse por posibles problemas que nunca se materializan y preocuparse por cuánto se está preocupando.

Scott es un preocupón crónico y tiene un caso muy complicado, pero hay esperanza y existen maneras para ayudarlo y a ti también, si es que éste es tu problema.

CASO 2: ANN

A Ann le preocupan los encuentros sociales. Normalmente se siente bien cuando ve a gente que ya conoce, pero se pone muy nerviosa cuando sabe que habrá personas desconocidas, en juntas con sus jefes o con cualquier persona con autoridad, o en actividades grupales.

Ann no iría a una fiesta o a cualquier otra reunión social sin su esposo, pues tiene miedo de que alguien se le acerque para platicar y ella se sienta demasiado ansiosa para formular una oración. Normalmente se toma una o dos copas de vino antes de salir a cualquier evento social. «¿Qué pasará si no puedo pensar en nada que decir y la gente sólo se me queda viendo, esperando a que hable?». Se imagina atrapada en un encuentro social, visiblemente nerviosa y que los demás invitados se den cuenta de su sudoración excesiva, manos temblorosas e incapacidad para hablar. Mientras su esposo esté con ella sabe que podrá superarlo, pues él se encargará de seguir la plática mientras se calma o va al baño a descansar.

Saber que puede ir al baño para tranquilizarse le da un poco de seguridad, pero también le preocupa. Nunca ha tenido que ir al baño con ese propósito, pero tiene la idea de que, si tuviera que hacerlo, después no podría ir al baño de nuevo durante esa fiesta porque la gente se preguntaría por qué está yendo tantas veces. Cree que sólo puede ir una vez, como si fuera una tarjeta para «salir de la cárcel» en Monopoly, ¡tiene que guardarla sólo para emergencias, por lo que realmente no está a su disposición!

Ann está muy consciente de su ansiedad y trata de que nadie más lo note. Le preocupa lo que su jefe y sus compañeros piensen de ella si supieran lo ansiosa que la ponen las conversaciones cotidianas. Su jefe le ha pedido en varias ocasiones que conduzca una discusión en una junta de personal y en cada ocasión Ann ha logrado zafarse de la responsabilidad con alguna excusa, pero también le preocupa que se le agoten los pretextos. «¿Y si mi jefe deja de creerme?», se preocupa.

Miedo a ser juzgados

Los miedos de Ann tienen que ver con la opinión de los demás. En especial le preocupa verse tan ansiosa que la gente crea que tiene algo malo, la eviten y quizás hasta hablen de ella cuando no esté. Una de las ironías del miedo de Ann es que al mismo tiempo cree en las frases: «no valgo nada», y: «todo el mundo está muy interesado en observarme y evaluarme».

Es probable que la terapia para el trastorno de ansiedad social le sea de gran ayuda a Ann, pero le aterra tener que sentarse frente a un desconocido que la bombardee con preguntas personales. «¿Y si entro en pánico frente al terapeuta?», se preocupa. «¡Me verá como si estuviera loca!». Las preocupaciones que tiene sobre su nerviosismo le impiden obtener la ayuda que tanto necesita. Si pudiera encontrar una manera de relacionarse en forma diferente con esas preocupaciones, sería la clave para seguir adelante con su vida.

Piénsalo

Ann y Scott, y los millones de personas que representan, tienen diferentes tipos de preocupaciones, ocasionadas por distintos miedos. Lo que tienen en común es cómo se relacionan con sus preocupaciones. Luchan para ponerles fin, pero se dan cuenta de que, en vez de desaparecer, simplemente aumentan.

«¡Mientras más lo intento, peor es el resultado!», dirían al tiempo que se sienten más frustrados e inútiles. Tienden a pensar que eso significa que son incompetentes y no pueden ejecutar una simple estrategia para poner su mente en blanco. Toman eso como una señal de que *tienen* algo malo.

Si eso es cierto (que mientras más lo intentes peor es el resultado), lo más probable es que los *métodos* que has probado no sean los correctos. No hay nada malo contigo; además, si no encuentras a otro culpable de tus preocupaciones más que a ti mismo, significa que has estado buscando en el lugar incorrecto.

Los esfuerzos de la gente para detener sus preocupaciones es lo que les da fuerza a éstas y las mantiene. Ver cómo la trampa de la preocupación opera en la vida de otros, y en la tuya, será un valioso aliado para solucionar este problema. El siguiente capítulo será una introducción a una nueva forma de pensar sobre tu relación con la preocupación crónica.

CAPÍTULO 2

Todo está en mi cabeza, ¡y quiero que se vaya!

Si tienes problemas de preocupación crónica es muy probable que creas ser excepcional. Cuando la gente llega a mi consultorio buscando ayuda suele verse así. Millones de personas tienen este problema, pero creen que son únicas en ese sentido.

Todo el mundo se preocupa, es parte de la condición humana. Los únicos que no se preocupan son los muertos. Todo el mundo tiene pensamientos, generalmente exagerados y poco realistas, que se le ocurren acerca de algunas cosas malas que les podría pasar en el futuro.

Digo que los pensamientos «se le ocurren» porque las preocupaciones no son pensamientos que la gente suele buscar deliberadamente. De hecho, ¡es muy probable que no quieras tenerlos! Estos pensamientos son espontáneos, a veces contra tu voluntad, como cuando algún evento fortuito te recuerda un tema desagradable.

Esto es muy diferente de los pensamientos deliberados que tienes cuando, por ejemplo, consideras comprar un auto. En ese caso, conscientemente comparas tus opciones según su confiabilidad, gasto de combustible, durabilidad, seguridad, apariencia, precio y demás; revisas toda la información que puede ayudarte a tomar la mejor decisión. La preocupación es más bien como un compañero de trabajo molesto que te interrumpe con comentarios negativos e insinuaciones que sólo te distraen y no ayudan en nada.

El juego de la comparación

Si eres de los que suele preocuparse crónicamente, quizá creas que eres parte de un pequeño grupo de personas porque no conoces a alguien que vea el mundo igual que tú. Más bien, ves personas que aparentan ser geniales, tranquilas y nunca preocuparse, y eso te hace sentir inadecuado al compararte con ellas.

Mis pacientes me dicen esto constantemente. Ver a otras personas que parecen estar libres de preocupación sólo hace que se sientan mal consigo mismos. Lo mismo me pasa a mí cuando voy a una fiesta o conferencia y estoy rodeado de gente que parece ser supersegura de sí misma.

Por lo común me doy cuenta de que no es así, y si tienes pensamientos parecidos, seguramente tú también te has engañado de la misma manera. Cuando ves gente que parece tener todo bajo control es muy probable que lo creas por su apariencia física, su mirada, voz y lenguaje corporal, entre otras cosas. Parece que nada en el mundo las molesta. Ves su apariencia física y la comparas con cómo se siente por dentro.

Así es como te engañas. Comparas lo que experimentas a través de tus terminaciones nerviosas con cómo se ven los demás por fuera. Es como si compararas manzanas con cocodrilos; no son lo mismo.

Lo que hace muy diferentes a algunas personas es cómo responden a la preocupación. Ése es el juego, cómo respondes a la preocupación, no si tienes pensamientos preocupantes o no.

Quizá te sorprenda escuchar que tus preocupaciones específicas no son lo relevante. Lo más importante es la relación que tienes con ellas, sin interesar de lo que traten.

El contenido de las preocupaciones

Hay diferencias en el contenido de las preocupaciones y los temas que tratan. Algunas personas se preocupan por eventos ordinarios y problemas que le ocurren a casi todo el mundo en algún momento de su vida. Es común que esos temas te preocupen como respuesta a algún cambio negativo en tu vida. En tiempos de recesión económica, por ejemplo, muchas personas piensan qué pasaría si perdieran su trabajo y no pudieran pagar su renta o hipoteca. Podrían tener la misma preocupación si hubiera algún otro cambio, como la llegada de un nuevo jefe o arrendador, cualquier cosa que aumente la incertidumbre en sus trabajos o relaciones.

Algunas personas responden a estas preocupaciones desarrollando un plan de acción y a veces eso es suficiente para que su preocupación se esfume y pueda tener un propósito útil. La preocupación es identificada como un problema en potencia y eso te lleva a preparar una solución.

¿Eres un preocupón en igualdad de oportunidades?

En otras ocasiones, la gente experimenta preocupaciones no como respuesta a un evento negativo, sino a algo completamente opuesto, ¡se preocupa cuando suceden cosas buenas!

Un padre de familia puede preocuparse por perder su trabajo aunque la economía se encuentre en un buen momento y sus evaluaciones en el trabajo sean excelentes, o cuando su hijo entre a su universidad favorita (la más cara) y sólo deba pensar en felicitarlo. Una persona que está a punto de salir de vacaciones, a la que nunca se le ha olvidado apagar la cafetera y por lo general ni siquiera pensaría en ello, puede agobiarse con la preocupación de que el aparato se quedó encendido justo después de abordar el avión. Los eventos «buenos», como un ascenso en el trabajo o el nacimiento de un hijo, pueden desencadenar preocupaciones poco realistas y persistentes de otros problemas que podrían ocurrir en su vida.

La gente se preocupa como respuesta a estos eventos positivos por una idea supersticiosa de que ahora sería «un mal momento» para que ocurriera el acontecimiento. Pensamientos como «sería irónico» que el problema ocurriera ahora, o «ahora tengo mucho más que perder», suelen convertir un buen momento en una ocasión perfecta para que entre la preocupación.

Las personas pueden experimentar un incremento en la preocupación como respuesta a un evento bueno o malo. La preocupación no es buena prediciendo lo que realmente pasará en el futuro porque está basada en ideas como «sería malo que...», en vez de lo que sería más probable. ¡Si la preocupación fuera tu agente de bolsa, ya la hubieras despedido!

En otros momentos la gente puede quedar atrapada en un patrón de preocupación sobre posibilidades malas que parecen muy remotas, no sólo para la mayoría de las personas, sino también para los preocupones, al menos la mayor parte del tiempo. Este tipo de preocupaciones a veces son identificadas como *irracionales* o *ilógicas*. Pueden incluir preocupaciones como cometer algún tipo de error, dejar la estufa prendida, usar accidentalmente insecticida en vez de azúcar, atropellar a un peatón sin darse cuenta; pueden parecer posibilidades extremas, improbables y hasta extrañas. Sin embargo, el resultado de un error así parece tan terrible que el preocupón hace todo lo posible para «asegurarse» de que no ocurra, y ese esfuerzo por garantizarlo convierte la preocupación en una actividad crónica.

Para resumir, existen diferencias en el tipo de contenido que preocupa a la gente. Algunas personas experimentan preocupaciones ocasionales sobre problemas bastante ordinarios y no consideran que esta preocupación sea un problema persistente, sólo se trata de una molestia ocasional que pueden desestimar. De hecho, en la mayoría de los casos les ayuda a tomar alguna acción apropiada y, por ende, pueden considerarse útiles.

No obstante, hay personas que tienen problemas más serios con la preocupación. A veces la gente se preocupa por posibilidades ordinarias, pero es incapaz de desecharlas de su mente y se preocupa interminablemente por problemas comunes y corrientes. Otras veces la preocupación se da por una posibilidad extrema e irreal, tanto así que lleva a las personas a obsesionarse y a preocuparse crónicamente.

No es el contenido de nuestras preocupaciones lo que distingue a una preocupación ordinaria de una crónica. La clave está en cómo respondemos a éstas, cómo nos relacionamos con ellas. Eso es lo que diferencia a una persona con preocupaciones normales y ocasionales de una con preocupaciones crónicas que suelen ser molestas. Lo que define el tipo de preocupación que tenemos es nuestra relación con ella y cómo intentamos vivir y lidiar con la misma.

Veámoslo más de cerca.

Preocupación ordinaria: una relación trabajable

Las preocupaciones ordinarias a veces son irreales, pero las preocupaciones irreales van y vienen. No forman un patrón consistente a lo largo de los años. Un estudiante puede preocuparse a veces por un examen, pero eso no significa que cada vez que tenga un examen se preocupe por reprobar. Un empleado puede preocuparse cuando se acerque una evaluación anual, pero eso no significa que cada vez que hable con su jefe anticipe que vayan a despedirlo.

La preocupación ordinaria es una parte ocasional de tu vida, algo que normalmente no interfiere demasiado en tus actividades. A veces puede ayudarte a concentrarte en problemas que necesitan una solución, e incluso te lleva a planificar y a encontrarle una solución al problema. Este tipo de preocupación suele terminar cuando identificas una solución y entras en acción. ¡Eso es algo bueno!

En otras ocasiones no señala un problema particular ni te lleva a una solución, más bien refleja un estado de ansiedad general. Por ejemplo, cuando no te sientes bien después de varios días de gripa, cuando estás más cansado de lo normal o cuando sufres una decepción amorosa o laboral, puede ser que cosas comunes y corrientes, que cualquier otro día ignorarías sin mayor problema, te preocupen de más.

Tu relación con las preocupaciones ordinarias es similar a la que puedes tener con tu vecino o con tu compañero de trabajo con el que no te llevas muy bien. Los ves, pero no interactúas con ellos a menudo, probablemente menos de una vez al día. Cuando los ves los saludas y eres amable de forma superficial, pero no tienes una conexión emocional con ellos, para bien o mal. No te arruina el día si te peleas con ellos, pero tampoco te hace el día verlos, simplemente no son tan importantes para ti.

Las personas que tienen esta relación ordinaria con la preocupación pueden pelear con ella, pero sólo de vez en cuando. Saben que la preocupación pasa y, por ende, no desperdician demasiado tiempo o esfuerzo tratando de responderle. No se preocupan por los pensamientos preocupantes que de vez en cuando aparecen en su cabeza y, tal vez ésta sea la distinción más importante, no se preocupan por preocuparse tanto.

Sin embargo, la relación disfuncional de la preocupación crónica es algo completamente diferente.

Preocupación crónica: una relación disfuncional

Algunas personas tienen más preocupaciones de las normales. La preocupación se vuelve tu compañera constante en lugar de sólo ser una molestia pasajera, y puede deteriorar severamente tu calidad de vida.

Si experimentas preocupación crónica, con el paso del tiempo pasarás una exagerada cantidad de tiempo pensando en lo que sea que te preocupe. ¿Quién decide cuánta preocupación es excesiva? ¡La persona que se preocupa! Si sientes que te preocupas de más en tu vida y quisieras hacerlo menos, probablemente puedas aprender a disminuir el papel que ésta tiene en tu vida.

No obstante, el principal aspecto de esta relación crónica con la preocupación no es la cantidad de preocupación que tienes, sino cómo respondes a ella. Esto puede tomar la forma de una relación en la que sólo discutes y peleas intentando retomar el control y cambiar tus pensamientos preocupantes, pero descubres que mientras más los enfrentas, más persistentes se vuelven. La relación crónica con la preocupación es una en la que te preocupan, quizá demasiado, las preocupaciones y tratas una y otra vez de modificarlas.

¿Qué te hace la preocupación crónica?

La preocupación crónica significa que pasas demasiado tiempo pensando en posibles decepciones y catástrofes, aunque no quieras hacerlo. Involucra el encadenamiento de pensamientos, la creación de una secuencia cada vez más improbable de causas y efectos que insinúan que eventualmente sufrirás terribles catástrofes que te llevarán a la locura o al menos mermarán tu habilidad para actuar.

Es frustrante. Quisieras poder relajarte y ver tu programa de televisión favorito o leer un libro en el parque. Tal vez sólo quieres cenar en paz con tu familia o almorzar con un compañero de trabajo, pero, como siempre, aparecen esas preocupaciones.

¡Parecen incontrolables! Justo cuando no las quieres, ahí están:

- «¿Y si me despiden?».
- «¿Y si mi hija reprueba todas sus materias en la universidad?».
- «¿Y si me enfermo y no puedo trabajar?».
- «¿Y si muere un ser amado?».
- «¿Y si el boiler se descompone en pleno invierno?».
- «¿Y si empiezo a gritar en el avión?».
- «¿Y si empiezo a dispararle a personas como aquel lunático?».
- «¿Y si la puerta del garage se abre sola mientras duermo?».
- «¿Y si me da cáncer?».
- «¿Y si Joe se da cuenta de lo nervioso que estoy?».
- «¿Y si me veo nervioso y el cajero cree que soy un ladrón?».
- «¿Y si me ensucio los pantalones durante mi presentación?».

La preocupación crónica muy probablemente:

- Es un foco de atención en tu vida durante largos periodos.
- Dirige tu atención a catástrofes improbables.
- Te distrae de otras tareas y responsabilidades más importantes.
- Interfiere con las relaciones que tienes con tus seres queridos o personas importantes en tu vida.
- Genera pensamientos obsesivos sin llevar a una decisión útil.
- Continúa hasta que algo más la reemplaza.
- Continúa a pesar de que la reconozcas como una pérdida de tiempo.
- Interfiere con tu participación en el mundo real.
- Te hace sentir indefenso, desamparado y sin control.

Las personas con preocupaciones crónicas piensan una y otra vez en las posibilidades que les preocupan sin llegar a una solución o tomar una acción efectiva. No existe un fin natural para la preocupación crónica, solamente se alarga y continúa como si tuviera vida propia.

La lucha no sólo está en tu cabeza

La preocupación crónica suele estar acompañada de síntomas físicos y conductuales. Esto puede generar una sensación de inquietud, en la que encuentras dificultad para relajarte y disfrutar un momento de tranquilidad que te permita sentarte a ver una película. Puede ser que tu pierna se mueva un poco sin que lo estés provocando, no encuentres cómo acomodarte en el sillón, truenes tus nudillos, suspires repetidamente, revises tu teléfono o algo más. Puede ser una sensación de irritabilidad por algún sonido o interrupción insignificante y que provoque una reacción de enojo. Puede ser una tensión muscular, dolor de espalda o cuello, migrañas y más. Podría incluir fatiga, sensación de cansancio sin explicación aparente y dolor de estómago. A menudo incluye dificultad para dormir, ya sea que te cueste trabajo conciliar el sueño o que despiertes antes de lo deseado.

La preocupación crónica no sirve como alerta de problemas que requieren atención. Más bien interfiere con tu habilidad para resolver esos problemas. Si experimentas preocupaciones crónicas, tu atención se enfoca en desastres futuros hipotéticos que son improbables, en vez de en las situaciones reales que sí requieren una solución. Las preocupaciones crónicas no se resuelven porque no hay nada que resolver, la preocupación se repite hasta que algo más la reemplaza.

La preocupación crónica puede atraer tu concentración máxima y dejarte sin tiempo para otras actividades que podrías disfrutar. Físicamente estás en el presente, en tu ambiente usual, pero mentalmente estás en un futuro sombrío lleno de posibilidades desalentadoras.

Finalmente, al pelear contra la preocupación crónica, lo haces porque buscas detenerla. Sin embargo, estos esfuerzos sólo empeoran las cosas en lugar de mejorarlas. Es como una historia de la mitología griega en la que un héroe se enfrenta con la Hidra de Lerna, una serpiente o dragón con múltiples cabezas. Cuando el héroe logra cortarle una, en su lugar nacen dos.

Odio cuando eso pasa, ¿tú no?

Tu relación con la preocupación

La gente que tiene complicaciones con la preocupación puede presentar varios tipos de reacciones, y éstas son una parte central del problema con la preocupación crónica y tu «relación» con ella. *El camino para tener menos problemas con la preocupación implica cambiar tu relación con* ésta, *en lugar de tratar de cambiar las preocupaciones en sí.*

Tal vez te estés preguntando, para empezar, cómo te metiste en una relación con la preocupación. Veamos cómo pudo haber pasado.

¿Cómo llegaste a este punto?

En primer lugar, te desagradó el contenido de los pensamientos. Eso es normal, las preocupaciones siempre son negativas, siempre tratan sobre eventos terribles que podrían suceder en el futuro. Nadie nunca se preocupó por esto:

«¿Y si me gano 500 millones de pesos en la lotería y me voy a vivir a Tahití como siempre he querido?».

¡Nadie se preocupa por las cosas buenas! Así que te has convertido en una persona a la que le molestan los pensamientos repetitivos de posibilidades negativas.

En segundo lugar, quizá reconoces al menos la mayor parte del tiempo —cuando la preocupación no te absorbe por completo—, que los pensamientos que estás teniendo son irreales. ¡Pero eso no te ha ayudado a que los pensamientos desaparezcan! Sigues teniendo pensamientos molestos e indeseados incluso a sabiendas de que son irreales.

Esto puede ser sumamente frustrante para la mayoría de los preocupones. He tenido muchísimas conversaciones con pacientes en las cuales discutimos que el contenido de sus preocupaciones es irreal. Hay una técnica, que forma parte de la terapia cognitivo conductual (TCC), llamada *reestructuración cognitiva*, en la cual se ayuda a los pacientes a revisar sus pensamientos y a encontrar los *errores de pensamiento* para que puedan ajustarlos a algo mucho más realista. Suele ser muy efectiva con varios problemas, pero a menudo fracasa para resolver la preocupación crónica. «¡Ya lo sé!» es una respuesta típica a la reestructuración cognitiva, y no «¡Uf, qué alivio!»; la respuesta siempre suele ser: «¡Ya lo sé!». Tal vez el paciente termine hasta un poco molesto después de trabajar tanto sólo para descubrir algo que ya sabía.

Ya lo saben. No necesitan que los ayude a descubrir que sus preocupaciones son irreales y exageradas. Por eso vinieron a verme, ¡porque les molestan los pensamientos repetitivos de catástrofes irreales! Así que, al igual que ellos, seguramente te has convertido en una persona molesta por los pensamientos repetitivos e irreales de posibilidades nefastas, y lo único que quieres es detenerlos, pero no lo logras y eso es cada vez más frustrante.

En tercer lugar, tal vez creas que hay algo malo contigo al no poder dejar de tener esos pensamientos irreales y negativos, a pesar de hacer tu mejor esfuerzo. Crees que las personas que no pueden controlar sus pensamientos están «desquiciadas», y pensar eso de ti puede ser aterrador. Así que te has vuelto una persona molesta por los pensamientos irreales repetitivos de posibilidades negativas que deseas detener, te frustras cada vez más por el hecho de que no se detienen y además tienes miedo de que eso signifique que estás perdiendo el control de ti mismo.

Finalmente, te esfuerzas por no tener esos pensamientos. Tal vez lo haces porque odias o temes el contenido de esos pensamientos. Quizá te das cuenta de que esos pensamientos son irreales, pero piensas que son una señal de problemas mentales que no puedes controlar. De cualquier manera, pruebas un sinfín de técnicas para evitar la preocupación, como pueden ser distraerte, evitarla, dejar de pensar en ella en cuanto la notes, la reestructuración cognitiva, pelear con tus pensamientos, buscar seguridad en personas ajenas, drogas o alcohol y muchas otras cosas más. Y el resultado, casi siempre, son más preocupaciones. Cuando peleas contra tus preocupaciones sueles crear más preocupaciones en vez de deshacerte de las que ya tenías.

Y aunque odies las preocupaciones, es posible que tengas creencias inconscientes acerca de la preocupación, que sugieren que ésta te ayuda de alguna manera. Estas creencias también pueden llevarte a actuar de manera que se mantienen vivas en lugar de erradicarlas. Veremos un poco más de eso en el capítulo 11.

A través de un proceso como éste te conviertes en una persona incomodada por pensamientos repetitivos e irreales acerca de posibilidades negativas y sólo deseas que paren. Te vuelves una persona cada vez más frustrada por no lograrlo, y temes que eso signifique una pérdida de control de ti mismo. Quieres deshacerte desesperadamente de esos pensamientos en los que estás atrapado, así que comienzas una batalla para eliminarlos, pero lo único que logras es tener más preocupación, en lugar de menos.

Si tienes problemas de preocupación crónica, así es tu relación con ella y éste es el problema que debes solucionar.

Relacionarte con los pensamientos

Las preocupaciones son una forma de *pensar* y ése es gran parte del problema. La cultura occidental moderna recalca la importancia del pensamiento en la vida, lo ve como el punto final de miles de millones de años de evolución. Si eres como la mayoría de las personas, probablemente respetes la importancia de los pensamientos, ¡en especial los tuyos! Posiblemente les prestas mucha atención y les das credibilidad absoluta, aun cuando éstos sean exagerados y falsos.

Eso nos lleva a otra parte del problema. Si eres como la mayoría de las personas es muy probable que tiendas a creer que debes tener el control de tus pensamientos. Tal vez creas que sólo debes tener pensamientos deseables y útiles, y no pensamientos indeseados. Aun así..., tu mente parece tener una mente propia. Es perfectamente normal tener pensamientos que desafíen tu sentido de control, pensamientos no deseados que se resistan a tus esfuerzos por eliminarlos. Si alguna vez has tenido una canción que no puedes sacarte de la cabeza, sabes muy bien a lo que me refiero.

Si no estás seguro de que éste sea tu caso, tómate un minuto para no pensar en la primera mascota que tuviste. Baja el libro, recuéstate e inténtalo por un minuto.

¿Cómo te fue? Si eres como la mayoría de las personas seguramente estás teniendo más recuerdos de esa mascota en este momento que en los últimos años.

Revisa tus preocupaciones habituales

Veamos más de cerca algunos de tus pensamientos preocupantes. Esto puede ayudarte a entender mejor el proceso de la preocupación y a encontrar la salida de esa relación crónica y conflictiva con ella.

¿Está bien si repasamos algunos de tus pensamientos preocupantes y los anotas?

Tal vez no quieras hacer esto. ¡Quizá creas que al anotarlos lo único que lograrás es que se anclen con mayor fuerza en tu cabeza o incluso sea más probable que se vuelvan realidad! A lo mejor sólo quieres olvidarlos cuanto antes y disfrutar del resto de tu día. Es posible que creas que al anotarlos atraerás más preocupaciones de las que ya tienes.

Probablemente estés pensando...: «¡Dave, compré este libro para deshacerme de mis pensamientos, no para escribirlos! Sólo quiero que desaparezcan».

Pero tal vez eso es lo que intentas hacer siempre, tratar de alejarlos; pero aquí estás, leyendo un libro sobre la preocupación. Lo que sea que hayas hecho en el pasado no ha funcionado, ¡de lo contrario estarías haciendo algo más divertido que leer (y espero que también escribir) sobre la preocupación!

Si no has logrado nada con tus esfuerzos pasados para solucionar este problema, probablemente no se deba a la razón que crees: a que hay algo defectuoso en ti. Es más probable que se deba a que has usado métodos que no te ayudan en nada. Quizá te vaya mejor con una estrategia diferente. Así que, si estás dispuesto, experimenta escribiendo en una lista tus preocupaciones habituales, para que puedas trabajar con ellas.

Enlista tus preocupaciones

Esto es lo que pasaría si fueras víctima de un delito, como un asalto o robo: lo reportarías a la policía, te pedirían que te sientes y describas al asaltante para que el artista forense lo dibuje. Esto le ayudaría a la policía a encontrar al maleante; sería desagradable, pero valdría la pena hacerlo. Esbozar algunas de tus preocupaciones para hacer esta revisión podría ser el primer paso para mejorar tu relación con ellas. ¿Crees que valga la pena?

¿Qué preocupaciones te han molestado recientemente? Escribe algunas en tu dispositivo electrónico favorito o, si quieres, hazlo a la antigüita en un pedazo de papel y escríbelo con una pluma.

Lee las preocupaciones que anotaste y realiza este examen de dos preguntas:

1. ¿Hay algún problema en este momento a tu alrededor, en el mundo exterior?
2. Si la respuesta es sí, ¿hay algo que puedas hacer en este momento para cambiarlo?

Si respondiste «sí» a ambas preguntas, entonces lo mejor será que bajes el libro y hagas algo para arreglar el problema en este momento. Si hay un serio problema en el mundo físico que habitas y puedes hacer algo al respecto, ¡ve y hazlo!

Por otro lado, si respondiste «no» a las dos preguntas (o «sí» a la primera pregunta y «no» a la segunda), entonces estás lidiando con una preocupación crónica. Estás nervioso y ese pensamiento preocupante es un síntoma de esos nervios.

Tal vez tus respuestas no fueron «sí» ni «no», sino que incluyeron pensamientos como:

- «No está pasando ahora, ¿pero qué tal si empieza pronto?»
- «Si no estoy alerta en todo momento es posible que algo malo pase».
- «Espero que no pase nada, pero ¿cómo puedo estar seguro?».
- «Es probable que no pase nada, pero sería terrible si pasara...».

- «¿Es posible que pase? ¡Espero que no!».
- «Si no me preocupo, entonces es posible que pase».

Pensamientos como éstos son especialmente engañosos. Tal vez los tengas al tratar de convencerte de que un terrible evento no es posible, que no puede ni va a pasar. Es muy difícil «demostrar algo negativo», probar que algo «no sucederá» en el futuro, tratar de hacerlo es un juego perdido, es buscar una respuesta que te traerá más preocupaciones en vez de menos.

Interroga a tus preocupaciones

Esto es como una escena del programa de investigación que tanto te gusta, cuando un testigo da una respuesta larga a una pregunta para evitar responder con «sí» o «no» y el juez le pide contestar lo que le preguntaron. Tú no estás en el asiento del testigo, pero sería muy útil que respondas estas preguntas con un simple «sí» o «no».

¿Hay algún problema en este momento a tu alrededor, en el mundo exterior?

Si la respuesta es sí, ¿hay algo que puedas hacer en este momento para cambiarlo?

Tu cerebro te dará varias «posibilidades». Tendrás pensamientos que indiquen la posibilidad de que algo malo suceda en el futuro. Y eso es verdad. Siempre es verdad, tengas esos pensamientos o no. Todo es posible, las cosas malas suelen pasar todos los días y nadie puede predecir el futuro. Pero en nada te ayuda eso en el presente. Es de mayor ayuda que notes esos pensamientos y a pesar de ellos te limites a elegir «sí» o «no». Y si la respuesta no es «sí», entonces debe ser «no».

¿Tienes estos pensamientos en tus respuestas?

- «Nunca lograré retomar el camino correcto».
- «Nunca lograré solucionar esto porque siempre estoy deprimido».

- «No sé cuál sea la mejor solución, por lo que nunca resolveré este problema».
- «No puedo tomar decisiones y menos la correcta. Estoy destinado a sufrir».

Estos pensamientos te desvían y te inducen a error al sugerir un problema en tu *mundo interior*. El problema que sugieren suele ser que eres tan deficiente, depresivo, inseguro, indeciso, confundido, estúpido, lo que sea, que no serás capaz de resolver tus problemas y tener una buena vida.

Este pensamiento es aún más engañoso y la gente se engancha, como si fuera una carnada, y lo piensa una y otra vez hasta obsesionarse, sentirse mal y quedar atrapada en su propia cabeza. Así que, si sueles tener este tipo de pensamientos, considera esto.

¿Qué tan consistentes son estos pensamientos a lo largo del tiempo? Por ejemplo, si mi perro empieza a cojear o se enciende una luz en el tablero de mi auto y se queda encendida, mis pensamientos por lo general son consistentes con estos problemas. No hay algunos días en los que piense que la cojera de mi perro o la luz del tablero no me importen. Sé que ambos representan un problema que necesito resolver, y me preocupan, y esa preocupación no se irá hasta que los problemas se arreglen o desaparezcan.

Por otro lado, a veces viene a mi mente un pensamiento desalentador de que nunca terminaré de escribir este libro y eso me deprime. Este pensamiento suele quedarse en mi mente por un buen rato hasta que algo muy diferente lo reemplaza. No sé por qué cuando recibo un halago por algo que escribí, veo una película chistosa o platico con un buen amigo empiezo a sentirme mejor y dejo de creer que soy un pésimo escritor. Mi habilidad de escritura es la misma de antes y lo que he escrito no ha cambiado; aun así, me siento y pienso diferente de como lo hacía antes. En otras palabras, mis pensamientos sobre mi habilidad para escribir pueden cambiar de un día para otro y son inconsistentes.

Mis pensamientos sobre la cojera de mi perro o la luz que se prendió en el tablero de mi coche son consistentes con el paso del tiempo hasta que arreglo el problema.

Si sueles tener pensamientos como los que ya comentamos en los que te sientes deprimido o desesperanzado y dudas de tus habilidades, hazte estas tres preguntas: ¿este pensamiento es consistente con el paso del tiempo? ¿Se ha mantenido igual en la última semana o en el último mes, o ha cambiado y me he sentido más optimista al respecto y me he dado cuenta de que el pensamiento es exagerado? ¿Sube y baja como las emociones?

«Son los hechos, señorita»

Las emociones cambian frecuentemente y a veces sin razón aparente. Los hechos no cambian sin nuevas evidencias. Si tus pensamientos cambian así, si cambian igual que tu estado de ánimo, entonces puedes saber que no se debe a un problema presente en el mundo exterior. Más bien señalan cierta infelicidad o malestar dentro de ti, en tu mundo interior, que cambia momento a momento, un problema en la manera en la que ves y te relacionas con tus experiencias internas, con tus pensamientos, emociones y sensaciones físicas. Puede tratarse de un problema que se presente periódicamente, como una sombra que aparece con la iluminación correcta, pero que no representa un problema en el mundo exterior, pues esto sería como pensar que tu sombra puede asaltarte. No es un problema que puedas o debas resolver de inmediato. Es un problema que se manifiesta en tu mente sin una realidad correspondiente con el mundo exterior y es parte de la carga de ser humano.

Si tuvieras un problema en el mundo exterior tendrías que resolverlo cuanto antes o sufrir las consecuencias; cuando se trata de algo así lo sabes de inmediato y haces algo para resolverlo lo más pronto posible. Si el agua en tu lavabo estuviera a punto de desbordarse, no te quedarías ahí preocupándote, lo drenarías. Si tu perro estuviera llorando sin parar frente a la puerta, no te preocuparías, irías a investigar.

Si en este momento estás experimentado una preocupación crónica, es muy probable que no tengas un problema real en el mundo exterior. De hecho, si el lavabo se estuviera desbordando y tu perro estuviera rascando la puerta, entrarías en acción para solucionar el problema. La preocupación se iría, al menos momentáneamente.

Sentimientos contra pensamientos

A veces las personas confunden los sentimientos con los pensamientos. Por ejemplo, puede que escuches a alguien decir: «Siento que nunca tendré un buen trabajo» o «Siento que estoy en peligro», pero éstos no son sentimientos, son pensamientos. Los pensamientos son ideas. Los sentimientos son emociones y son muy diferentes de los pensamientos. Los pensamientos pueden ser verdaderos o falsos, o encontrar un punto medio. Los sentimientos son respuestas emocionales que no se miden en un parámetro verdadero o falso. Así que cuando veamos estos dos ejemplos, podremos describirlos de una mejor manera.

«Pienso que nunca tendré un buen trabajo».

«Pienso que estoy en peligro».

Los pensamientos de que nunca tendrás un buen trabajo o de que estás en peligro pueden ser verdaderos o falsos; las emociones son reacciones al contenido de los pensamientos, sin importar qué tan verdaderos o falsos sean. Podemos experimentar una respuesta emocional fuerte tanto por un pensamiento falso como por uno verdadero. Nuestras emociones son reacciones al contenido de nuestros pensamientos, sin que les importe la realidad (o irrealidad) detrás de los pensamientos.

Este entendimiento de que podemos tener reacciones emocionales intensas a pensamientos falsos o verdaderos sin distinción es la base de la reestructuración cognitiva, cuyo objetivo es que nuestros pensamientos sean más realistas. Esto puede ser de gran ayuda, pero también es común que las personas con preocupación crónica encuentren que la reestructuración cognitiva, y otros esfuerzos por modificar sus pensamientos para hacerlos más realistas, es menos efectiva de lo esperado. Analizaremos ese problema en el siguiente capítulo.

Piénsalo

La preocupación es normal, es una parte universal de la experiencia humana, pero al no poder verla en las demás personas tal vez creas que eres uno de los pocos, o el único, que tienen problemas de preocupación crónica en el mundo. ¡Y no es así!

El tema de tu preocupación no es tan importante como la manera en que te relacionas con ella y cómo tratas de mantenerla bajo control. La salida de la preocupación crónica te llevará a examinar cómo lidias con ella, y es posible que en ese momento te des cuenta de que has estado usando técnicas para controlar tu preocupación similares a tratar de cortarle una cabeza a la Hidra de Lerna; es decir: ¡sólo consigues crear más cabezas que muerden y escupen fuego! La recuperación de la preocupación crónica implicará reemplazar esos métodos con algo mucho más efectivo que cambiará tu relación con ella.

Veremos con más detalle tus respuestas a la preocupación en el siguiente capítulo.

CAPÍTULO 3

Tu relación dual con la preocupación

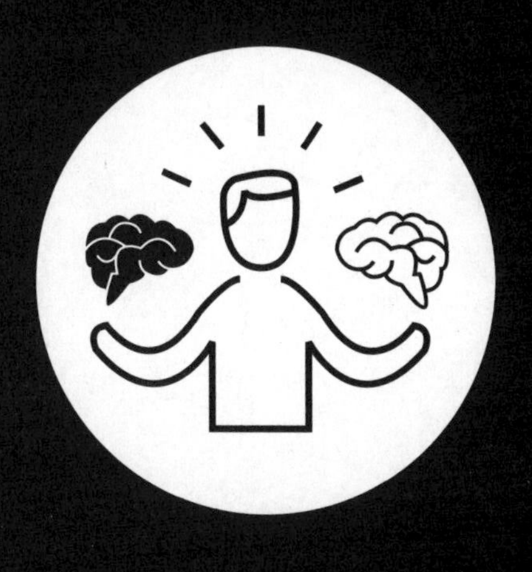

Cuando estaba estudiando para ser psicólogo, tuve mi primera experiencia con un paciente agobiado por la preocupación. Este hombre solía preocuparse mucho por perder su trabajo, se obsesionaba con cada diminuto error o falla en su empleo e ignoraba todos sus logros. Mi supervisor quería que con ese paciente aprendiera a usar la reestructuración cognitiva que, como recordarás, es un método mediante el cual las personas pueden encontrar y corregir los «errores» en su forma de pensar que les causan angustia.

El supervisor esperaba que me volviera bueno con esta técnica, así que puse manos a la obra. Le ayudé a mi paciente a darse cuenta de cómo «maximizaba» todo lo negativo que llegaba a su mente y «minimizaba» todo lo positivo, por eso su trabajo le parecía menos estable de lo que probablemente era. Un día tuvimos una sesión en la que el hombre parecía mostrar un buen avance.

—Entiendo lo que me dices. He estado ignorando todas las cosas buenas que hago en el trabajo y me he enfocado sólo en todo aquello que podría mejorar. Mi jefe está de acuerdo en que necesito más experiencia y capacitación, pero también está contento con la mayoría de los resultados que he tenido, aunque soy nuevo. Así pues, creo que en verdad he estado exagerando la posibilidad de ser despedido.

Sonreí, estaba feliz con ese avance y no podía esperar para contarle a mi supervisor. Pero, de pronto, el paciente comenzó a incomodarse de nuevo.

—Eso es lo que realmente me preocupa. ¡Mira todo el tiempo que he pasado preocupándome sin que fuera necesario! ¡Eso no puede ser bueno para mi salud! ¿Y si me da un paro cardiaco por preocuparme tanto y sin fundamentos?

¡Mi corazón se rompió al darme cuenta de que no habíamos logrado avanzar tanto como pensaba! Pero tengo que darle las gracias a ese hombre, si de casualidad está leyendo este libro, por ayudarme a entender con claridad las dos posturas de una relación con la preocupación. Por un lado, se preocupaba seriamente por perder su trabajo y, por el otro, al darse cuenta de que esta preocupación era irreal, ¡se preocupó por lo mucho que les había preocupado! Cuando lo vi la siguiente semana, ya había pensado en nuevas razones por las que lo podrían despedir y de nuevo su preocupación se enfocó en eso. Trataba estos pensamientos como una astilla clavada en su mano, ¡le dolía demasiado para dejarla ahí, pero sacarla también causaría dolor!

Este hombre, al igual que la mayoría de las personas que se enfrentan con la preocupación crónica, no tenía un problema real por el cual preocuparse. Su problema era la preocupación.

La relación bilateral con la preocupación

Si tienes problemas con la preocupación crónica es muy probable que asocies la preocupación con el peligro de dos maneras.

A veces tomas el contenido de tu preocupación como si fuera una importante predicción de un peligro. Quizá te parezca que pensamientos como: «¿Y si pierdo mi trabajo?» o: «¿Y si me da cáncer?», son señales de peligro válidas sobre tu empleo o salud, una señal de problemas en tu mundo exterior. Como respuesta puedes intentar protegerte contra ese peligro hipotético o probar que no existe para sentirte mejor y dejar de preocuparte.

Esas dos respuestas suelen fallar.

Otras veces puedes reconocer que esos pensamientos son «irracionales» o poco probables y, por ende, no tomas en serio el contenido de esas preocupaciones. Más bien, te preguntas por qué estás teniendo esos pensamientos tan poco probables y depresivos. Quizá tomes esos pensamientos como una señal de que algo terrible está pasando en tu mente, en tu mundo interior. Es posible que pienses que no deberías tener pensamientos así, que esos pensamientos son una señal de que estás perdiendo control sobre tu mente. Tal vez temas que esos pensamientos te enfermen y, como respuesta, tratarás de reprimirlos de varias maneras o de eliminarlos por completo.

Esta respuesta también suele fallar.

Tu relación con la preocupación puede tomar dos formas diferentes. Veamos con más detalle cómo funciona cada una.

Primera postura: tratar la preocupación como una advertencia importante

Ésta es la primera postura. Tomas en serio el contenido de tu preocupación y:

1. Buscas maneras de desacreditar las amenazas y asegurarte de que las temidas catástrofes no sucederán y/o…
2. Piensas en maneras de protegerte contra esos eventos y los usas o los «mantienes en tu mente» como una defensa futura.

Con frecuencia, la gente tomará ambas medidas, aunque si realmente pudiera comprobar que un evento no va a suceder, no tendría que defenderse de él. Así pues, una persona que piensa que se avecina una enfermedad —y que por ello se vería obligada a faltar varios días al trabajo— calmaría esos pensamientos diciendo: «No me enfermaré, me vacunaron contra la gripa, y si no puedo evitarlo, con sólo presentar mis justificantes médicos no tendré problemas».

Veamos unos ejemplos de respuestas comunes que la gente usa con esta postura.

Discutiendo con la preocupación

Tal vez entres en un debate con tus propios pensamientos, de la misma manera que lo harías con otra persona. Es el juego de «punto y contrapunto», y suele ser algo parecido a esto:

> Yo: ¿Y si pierdo mi trabajo y termino en la calle?
> Mi otro yo: ¡Eso no va a pasar, me necesitan en la oficina!
> Yo: Pero ¿y si sucede?

No importa la evidencia o las ideas que presentes en el debate al intentar calmarte, siempre encontrarás resistencia y una estrategia para derrumbar tu argumento, como puedes ver aquí:

> Mi otro yo: No es improbable que me despidan, pero si pasa sólo tendré que encontrar otro trabajo. Estaré bien.
> Yo: ¿Y si no encuentro otro?

Ese «Y si...» es un elemento central de la preocupación crónica y veremos con detalle cómo funciona y qué hacer al respecto en el capítulo 6.

Los debates que tienes contigo mismo son circulares. Al expresar tu preocupación, ¿lo haces con nueva evidencia o repites lo mismo de la vez anterior?

¡Seguro es una repetición! Insistes en los mismos puntos que ya usaste y tienes prácticamente el mismo debate una y otra vez. Los pensamientos se repiten constantemente sin lograr progresar, sin tener nuevas ideas y sin solucionar ningún problema. ¡Con razón es tan molesto! Si fuera un programa de televisión ya le habrías cambiado o hasta apagado el receptor, ¡pero tu vida no tiene un botón de apagado!

Si te encuentras discutiendo contigo mismo hay una cosa que puedo garantizarte: no vas a ganar esta pelea.

¿Cómo termina el debate? No tiene una conclusión real. Termina cuando tu atención se desvía hacia otra cosa. ¡Al ver lo repetitivo que esto puede ser es obvio que eventualmente perderás interés y te distraerás!

Pero quizá regrese, igual que antes, la próxima vez que tu mente esté ociosa.

Respuestas ritualistas

Puede ser que lleves esto un paso más allá y entres en comportamientos privados y sutiles con la esperanza de que te ayuden a terminar el debate. Una persona que se preocupa constantemente ante la posibilidad de ahogarse o atragantarse dará continuamente pequeños tragos de agua para mantener su garganta «abierta» y comprobarse a sí mismo que ese problema no existe. Una persona que se preocupa por dejar prendida la estufa o la cafetera pasará por la cocina antes de ir a trabajar, incluso tocará las perillas de la primera o la segunda. Una persona que tiene miedo de morir en un accidente aéreo podría tocar la parte exterior del avión antes de subirse para atraer la «buena suerte».

Tales respuestas se parecen mucho a las supersticiones. Éstos son unos ejemplos muy comunes:

- Cantar o tararear una canción.
- Rezar esperando que Dios responda en forma clara y tranquilizadora tus plegarias (¡de preferencia por escrito!).
- Pensar en los problemas de los demás y decirte que eres «afortunado» a diferencia de ellos.
- Tronarte los dedos.
- Meter tus preocupaciones en una «jarra de preocupaciones» o algo similar.

- Dejar todo a la suerte; ponerte tu playera de la suerte, desayunar en un lugar que te da suerte, etcétera.
- Contar algo, como el número de letras en una palabra, de palabras en una oración, cuántas personas hay en la fila, la suma total de los números en una placa.

La gente suele reconocer que este tipo de acciones no alterarán nada en el mundo exterior, pero siguen realizándolas con la idea de que «¡no le hacen daño a nadie!». Si las usas de vez en cuando con un poco de sentido del humor y sin otorgarles poder real sobre tu vida, quizá sea verdad que no le hacen daño a nadie. Pero si llega un momento en el que te sientes muy nervioso si no llevas a cabo tu ritual y crees que «debes» seguir este hábito, entonces *sí* te lastima.

Investigaciones en línea (búsquedas en Google)

Internet ha abierto nuevas fronteras para la gente que batalla con sus preocupaciones. Antes de internet, tenías que visitar una biblioteca o librería para investigar acerca de tus preocupaciones. Ahora, con el clic del ratón, todas las personas pueden introducir un par de términos de búsqueda y ver lo que arroja.

La ironía es que la gente lo hace con la esperanza de descubrir que no tienen de qué preocuparse. Así pues, si eres del tipo de personas que cree que una tos puede ser señal de cáncer o que la puerta de tu cochera puede ser abierta por el microondas del vecino, seguramente buscarás una página que te diga lo irreal que eso es. Podría funcionar, siempre existe la posibilidad de que encuentres páginas con información útil para ti.

Sin embargo, si quieres eliminar toda duda, si esperas encontrar evidencia concluyente de que no tienes cáncer o de que la puerta de tu cochera no se abrirá por accidente, es muy probable que termines decepcionado. Aunque quieras encontrar evidencia definitiva de que ese problema no está sucediendo ahora y no puede suceder en el futuro, esa evidencia no estará disponible, porque no podemos demostrar que algo no pasará nunca. Cuando te esfuerzas poderosamente para sentirte tranquilo, es como si buscaras una página en línea con tu foto, tu nombre y un mensaje que te garantizara que estarás bien. ¡Esa página no existe! Y aunque la encontraras, ése no sería el final; probablemente te preguntarías: «¿Cómo pueden estar tan seguros?».

Consulta a los expertos

Esto suele suceder mucho más seguido con preocupaciones médicas, pero las personas con cualquier tipo de preocupación, ya sea financiera, de bienes raíces, impuestos, crianza, carreras universitarias y cualquier otro tema, también pueden verse atrapadas en esto.

Si consultas a un experto sobre tu preocupación, quizás a un cardiólogo si se trata de un problema con tu corazón o a un contador si está relacionado con los impuestos, normalmente debería ser suficiente. En algunos casos, con problemas muy complejos, es posible que necesites una segunda opinión. Pero si descubres que estás atrapado en un patrón en el cual siempre buscas una gran variedad de especialistas para tratar tu preocupación y ninguno te da la confianza para seguir sus indicaciones, si sales de tus consultas con más preguntas o razones hipotéticas para desconfiar de las respuestas que recibiste, entonces es muy probable que estés atrapado en un ciclo de buscar más y más seguridad profesional, y sentirte cada vez menos tranquilo como resultado.

Consulta a los «no expertos»: amigos, familia, compañeros de trabajo y vecinos

Además de —en muchos casos, en lugar de— consultar a los expertos, los preocupones suelen acudir a sus seres queridos, familiares, amigos y compañeros de trabajo para encontrar la seguridad que tanto buscan. No les preguntan a estas personas porque sean expertas en algún tema, ¡lo hacen porque es fácil y gratis!

Por esta razón tienen aún menos confianza en el consuelo que obtienen de esta «gente común» que en las opiniones que reciben de un experto. Las discusiones que tienen con familiares o amigos suelen transformarse en algo parecido al debate que ocurre en sus mentes, con el preocupón intentando encontrar cualquier falla en el argumento que le ofrecen. Se preguntan si la otra persona sólo les está diciendo lo que quieren oír o si les sigue la corriente sólo para que puedan cambiar de tema. Si estás atrapado en este patrón, es muy probable que no sólo preguntes una vez, seguramente harás la misma pregunta con otras palabras sólo para ver si recibes la misma respuesta. El consuelo tiene una vida muy corta, y pronto estarás buscando más.

Además, buscar este tipo de consuelo puede ser una carga para un matrimonio, amistad o cualquier tipo de relación. A quien se le pregunte por esa seguridad suele sentirse cada vez más preocupado por saber realmente qué sería más útil hacer: continuar respondiendo las preguntas o terminar por pedir que busque sus propias respuestas.

Evitación

Otra forma en que las personas toman sus preocupaciones en serio es evitándolas. Es muy común que las personas eviten lo que temen, aun cuando reconocen que sus miedos son exagerados o irreales y aunque evitarlos signifique una desventaja importante.

Podrías evitar hablar con tu jefe, aun sabiendo que esa conversación ayudaría a tu carrera y facilitaría tu trabajo. Quizás evites tener actividades grupales por miedo a que te observen o te juzguen, como asistir a un evento en la escuela de tu hijo o una fiesta con los vecinos, aunque esto limite tu vida social. Tal vez evites contestar el teléfono o hacer llamadas, ir a tu cita anual con el doctor o hacer cualquier tarea que se te pida, pues crees que debes hacerla a la perfección y te preocupa tener problemas para terminarla. Posiblemente evites actividades o lugares específicos por miedo a tener un ataque de pánico.

Si temes hablar en público es muy probable que evites estar frente a un grupo de personas, ya sea en el trabajo, en la escuela de tu hijo o en una organización civil. Si tu miedo es que un avión se estrelle, sin importar que estés al tanto de las nuevas estadísticas de seguridad que indican que este medio de transporte es el más seguro del mundo, es posible que evites volar o prefieras soportarlo con la ayuda del alcohol o de tranquilizantes. Manejar en carretera, los perros, los elevadores, la soledad, tener el asiento de en medio en la iglesia, no importa lo que sea; si le tienes miedo, es casi un hecho que buscarás evitarlo.

Éste es un problema real cuando incluso reconoces que tu preocupación está basada en un miedo «irracional». «Sé que no tiene sentido», dicen algunas personas. «¡Eso es lo que me molesta de estos pensamientos!».

Reconocer que tus preocupaciones son exageradas o irreales no te ayuda si de todas formas sigues evitando lo que temes. Si evitas la razón de tus preocupaciones solamente te volverás más temeroso. Lo que haces es mucho más importante que lo que piensas.

La reestructuración cognitiva llevada a un extremo

Si alguna vez has trabajado con un terapeuta cognitivo conductual, o has leído libros de autoayuda sobre el tema, es muy probable que hayas probado la reestructuración cognitiva. Al hacer reestructuración cognitiva identificas los pensamientos erróneos que alimentan tu malestar y los reemplazas con pensamientos más realistas. Entonces, con un poco de suerte, estos nuevos pensamientos te incomodan menos que los anteriores.

Los defensores de la reestructuración cognitiva han identificado varios de estos «errores en el pensamiento» para ayudar a que sus pacientes los cambien. Estos errores incluyen pensamientos como:

Generalización excesiva. Creer que un mal momento significa que todo el día será terrible.

Leer la mente. Pensar que puedes saber lo que los demás piensan, especialmente de ti.

Maximizar las probabilidades negativas y *minimizar* tu habilidad para adaptarte a las dificultades.

Clarividencia. Creer que sabes lo que depara el futuro.

Pensamientos en blanco y negro. Pensar en extremos sin reconocer que existe un punto medio.

La reestructuración cognitiva puede ser de gran ayuda con varios problemas. Por ejemplo, un orador que se pone nervioso al ver bostezar a la audiencia o que revisa su reloj quizá crea que la está aburriendo y por eso empieza a ponerse nervioso. Pero si el orador revisa estos pensamientos, se dará cuenta de que hay muchas razones por las que las personas tienen esos comportamientos, quizá no durmieron bien o tienen que irse temprano para llegar a una junta, etcétera; entonces puede aceptar que bostecen y revisen sus relojes sin tomar necesariamente esas actitudes como comentarios negativos sobre la calidad de su presentación.

Sin embargo, es probable que la reestructuración cognitiva te cause más problemas si la usas para tratar de *abolir* tus pensamientos negativos y «asegurarte» de que tus preocupaciones no se hagan realidad. En ese momento te encontrarás cruzando los límites hacia la segunda postura. Un orador exitoso puede tener los mismos pensamientos que uno nervioso al ver a su público bostezando durante su presentación, pero éste puede ignorarlos o tomarlos como ruido de fondo y seguir con su conferencia. Pero si un orador nervioso trata de eliminar esos pensamientos de su mente, creyendo que son erróneos y no deberían presentarse, terminará hablándole más a sus preocupaciones que a su audiencia. En ese caso, la reestructuración cognitiva termina por funcionar igual que si discutieras contigo mismo y sólo te regresa al problema original.

Si quieres usar la reestructuración cognitiva, guíate por los resultados que obtienes. Si este método te ayuda a reconocer que tus preocupaciones son exageradas e irreales y eso hace que te molesten menos, entonces estás obteniendo buenos resultados y puedes esperar continuar beneficiándote con ella. Pero si tus esfuerzos por identificar y remover esos «errores» de tu pensamiento te llevan a discutir cada vez más contigo mismo para tratar de eliminar esa incertidumbre, entonces es probable que estés tratando de purificar demasiado tus pensamientos. Quizá te ayude practicar la reestructuración cognitiva de manera más ligera, mucho más permisiva. (También podría ayudarte usar algunos de los métodos basados en la aceptación que introduciré en los capítulos 8 a 10, en lugar de la reestructuración cognitiva).

Ahora veamos la otra postura en esta relación dual con la preocupación.

Segunda postura: ¡deja de pensar eso!

Algunas personas adoptan esta postura cuando se preocupan por lo mucho que se preocupan. En la primera postura estaban preocupados por los problemas potenciales en los que pensaban, pero ahora se han dado cuenta de que esos pensamientos no valen la pena y sólo son una tontería. Desafortunadamente, eso no hace que se sientan mejor, ¡más bien se preocupan por lo mucho que se preocupan! Empiezan a tener pensamientos como: «Estos pensamientos no tienen sentido, ¿por qué no puedo detenerlos?», «¿Y si me da un paro cardiaco de tanto preocuparme?», «¿Y si estos pensamientos limitan mi rendimiento y eso hace que me despidan?» o «¿Por qué me preocupo tanto? ¡Debo estar loco!»

Cuando tienes este tipo de pensamientos estás del otro lado de la calle de la preocupación. No estás tratando de desacreditar los pensamientos; de hecho, es posible que estés consciente de que esos pensamientos son «irracionales» y no debes creerles. Eso es bueno. Desafortunadamente, cuando llegues a este momento estarás en una nueva batalla, la batalla por «dejar de preocuparte».

En la primera postura tenías miedo de que tus preocupaciones se volvieran realidad y fueran una verdadera predicción de peligro, por lo que pasabas mucho tiempo pensando en ellas, investigándolas, discutiéndolas con tus seres queridos y tratando de persuadirte de cualquier manera de que estabas a salvo. Ahora estás mucho menos preocupado por el contenido aparente de tus pensamientos pero, más consternado por lo mucho que te preocupas y temiendo cuánto podría afectarte la preocupación. Piensas que la preocupación podría evitar que disfrutes de la vida, que seas un buen padre o esposo, que podría volverte mucho menos productivo en el trabajo, ponerte en evidencia ante los demás, dañar tu reputación e, incluso, hasta matarte. Así que ahora tratas de erradicar la preocupación de tu cabeza. Tratas de distraerte, de detener tus pensamientos, de evitar el tema y de hacer lo que sea para «dejar de pensar en eso».

Aunque puede haber cierta superposición, la mayoría de las formas en que las personas tratan de controlar la segunda postura son diferentes de los métodos que intentaron en la primera postura. Aquí hay algunas de las formas esenciales con las que las personas tratan de «dejar de preocuparse».

Distraerse

Una respuesta muy común es tratar de distraerte para no pensar en los temas que te preocupan. La distracción puede funcionar a veces, cuando quieres dejar de pensar en un problema, en especial cuando la distracción es un evento externo, como una llamada inesperada, una emergencia en el hogar o los ladridos de tu perro. Sin embargo, no puedes contar con este tipo de distracciones, pues son impredecibles y poco confiables. Así que muchas personas buscan distraerse deliberadamente de sus pensamientos desagradables y preocupaciones. Quizá tarareen su canción favorita, revisen mensajes ya leídos o incluso le hablen a un amigo para platicar de cualquier cosa. Pero esto rápidamente se convierte en una fuente de problemas por dos razones.

La primera es que cuando quieres distraerte deliberadamente estás consciente de eso que quieres evitar pensar. Te dices: «Piensa en esto, no en aquello», pero una vez que lo haces es demasiado tarde, ¡ya estás pensando en lo que querías evitar!

La segunda razón es que al usar distracciones fortaleces la creencia de que esos pensamientos son peligrosos. En aquellas ocasiones en que funciona, estás entrenando a tu mente para que espere alivio cuando el pensamiento se vaya y, por ende, a sentirse mal cuando el pensamiento se mantiene o regresa. Mientras más esfuerzo inviertas en sacar esos pensamientos de tu cabeza, más justificará tu mente el esfuerzo al ver esos pensamientos como peligrosos. La verdad es que los pensamientos simplemente no son peligrosos. Las acciones pueden ser peligrosas, pero los pensamientos sólo pueden ser desagradables. Si los pensamientos fueran peligrosos, estarían prohibidos los obituarios. No hay tal cosa como una «broma que mata». Mientras más uses la distracción, más fortalecerás la impresión de que los pensamientos son peligrosos.

Una variación de la distracción es tratar de «pensar positivo». Disfrutar de tus pensamientos positivos puede ser algo bueno, pero cuando luchas para que tus pensamientos sean positivos, casi siempre tendrás el resultado opuesto.

Detención del pensamiento

Cuando las personas se dan cuenta de que su habilidad para concentrarse se deteriora con el tiempo, suelen intensificar sus esfuerzos para «detener sus pensamientos». En este método, por el simple poder de la voluntad, la gente se entrena rigurosamente para «dejar de pensar en eso». Quizá se peguen con una liga colocada alrededor de su muñeca y digan «¡detente!» en voz alta; incluso me apena decir que esta técnica ha llegado a varios libros de autoayuda, e incluso en la actualidad se pueden encontrar libros que la recomiendan. ¡Es uno de los peores consejos que he leído jamás!

La detención del pensamiento funciona igual que la prohibición de libros, ¡simplemente aumenta el interés en los temas prohibidos! Inevitablemente, los pensamientos que tratas de detener siempre regresan. Lo único que tienes para demostrar tu intento es una marca roja en la muñeca. ¿Deberías usar la detención del pensamiento? ¡Ni siquiera lo pienses!

Uso de sustancias

Es muy común que las personas traten de controlar sus preocupaciones consumiendo sustancias. El objetivo no es disputar o contradecir el contenido de las preocupaciones, simplemente es intentar que éstas no surjan.

Drogas y alcohol

Frecuentemente algunas personas usan drogas y alcohol para relajarse y tranquilizar su mente. Funciona por un rato, hasta que deja de hacerlo, y entonces tienen un problema más grande que cuando empezaron.

Es posible que encuentres que la droga de tu elección te ayuda a relajarte durante la noche pero, que te hace sentir más incómodo y ansioso al día siguiente, como si tuvieras una resaca. Esto es parte de una terrible cadena de dependencia en la que cada vez necesitas más de la droga o del alcohol y, además, como resultado, terminas con un problema de adicción. No hay problema alguno que pueda mejorar usando las drogas o el alcohol como solución. Y esto mismo aplica para el tabaco.

Medicamentos prescritos

Normalmente soy escéptico sobre el uso de medicamentos prescritos para reducir la preocupación. Creo que a veces traen más problemas que beneficios, pues fortalecen la idea de que necesitas protección de tus pensamientos y, a menudo, éstos producen efectos secundarios indeseables.

Sin embargo, he visto a algunas personas mejorar con los medicamentos cuando nada más parecía funcionar. Si los vas a utilizar para calmar las preocupaciones persistentes, guíate por los resultados que obtengas. Si, en general, tu vida mejora, entonces lo razonable es que los uses.

Comida reconfortante

¡Si tan sólo el consuelo durara sin incrementar nuestro peso y nuestras ganas de seguir comiendo! Por supuesto que no funciona así, y esta dependencia emocional por la comida puede ser similar al consumo de drogas y alcohol.

Evitar señales y recordatorios

Cuando tomas tus preocupaciones con seriedad, es posible que evites situaciones u objetos en el «mundo real». Una persona que teme volar evitará acercarse a aviones y lo mismo hacen quienes les tienen miedo a los perros, a manejar o a cualquier otra cosa.

Cuando te preocupas por lo mucho que te preocupas, es posible que evites fuentes de información para controlar o limitar tus pensamientos. Es posible que limites tu exposición a los medios de comunicación, como los periódicos o la televisión, por miedo a escuchar historias que activen alguno de los temas que te preocupan. Tal vez sólo veas el canal de Disney o limites tus lecturas a las revistas que hay en el consultorio de tu dentista, a menos que te den miedo los dentistas. Asimismo, deseas, o esperas, que tu pareja o amigos dejen de mencionar los temas que te dan miedo e incluso es posible que te moleste si no lo hacen.

Como cualquier otro intento por controlar o limitar sus pensamientos, estos esfuerzos hacen sentirse más vulnerables y «a la defensiva», en lugar de cómodas y seguras.

Personas de apoyo

Todos disfrutamos del contacto y la comunicación con otras personas. Sin embargo, algunas veces la gente padece preocupación crónica y se vuelve dependiente de una persona en particular para que ésta le dé seguridad. Depender del apoyo de una persona tiene algunos de los beneficios y desventajas del alcohol o de la automedicación. Es posible obtener un alivio rápido temporal, pero las desventajas suelen superar, por mucho, los beneficios efímeros. Las desventajas a largo plazo de depender de una persona incluyen una disminución de la autoestima, ya que atribuyes cualquier tipo de alivio al amigo o ser querido en vez de a ti mismo, y sueles perder la independencia e iniciativa, pues dependes y necesitas el apoyo de alguien más.

Las personas de apoyo pueden sentirse presionadas a ayudarte en ambas posturas de la relación que las personas suelen tener con la preocupación. En la primera postura, cuando tomas el contenido aparente de tu preocupación con seriedad, es posible que busques seguridad en forma repetida con alguien que te diga que no sucederá lo que temes. En la segunda postura, cuando no puedes «dejar de pensar» sobre lo que te preocupa, es más probable que busques a tu persona de apoyo como una distracción o como fuente de consuelo que te diga que todo estará bien.

¿Acaso esta persona tiene poderes especiales? No. Su influencia radica en la relación que tiene contigo.

Objetos de apoyo

Los objetos de apoyo funcionan de la misma manera que las personas, pero sin la posibilidad de contestarte de mala manera. Es muy común que las personas caigan en un hábito de llevar objetos para tratar de reducir su preocupación. A veces estos objetos tienen una conexión lógica, pero engañosa, con la preocupación, como una persona que se preocupa por atragantarse y siempre lleva consigo una botella de agua. En otras ocasiones, se trata más bien de un símbolo de buena suerte.

Si bien el uso de objetos para reducir tu preocupación parece inofensivo, puede causar serios problemas. Es posible que creas que necesitas esos objetos para funcionar, pero al mismo tiempo te sientes susceptible a la preocupación, pues supones que te protegen de alguna manera. Si crees que un objeto te protege, seguramente te preocupas por tener la cantidad necesaria de éste. Por ejemplo, si crees que necesitas una botella de agua para sobrevivir, ¿creerías que una botella es suficiente? Además, si bien el apoyo de estos objetos puede darte un alivio rápido temporal, también impide que notes que tu vida está bien con o sin el objeto de apoyo.

Voy a remontarme al pasado en este ejemplo, pero si has visto *Dumbo* (1941), la película de Disney, recordarás que el objeto de seguridad del elefante es una pluma. Dumbo, el elefante volador, atribuyó por error su habilidad para volar a una pluma mágica, y hasta que la soltó se dio cuenta de que era más fuerte y capaz de lo que creía. Si eres demasiado joven para recordarlo, ¡búscalo en internet!

Aquí hay algunos ejemplos de objetos de apoyo comunes:

- *Comida o bocadillos.*
- *Fotos de tus nietos u otros seres queridos.*
- *Libros sobre ansiedad.*
- *Teléfonos celulares.*
- *Botellas con agua.*
- *Objetos que dan «suerte», como un trébol de cuatro hojas o la pata de un conejo.*
- *Sartas de cuentas para relajación.*
- *Rosarios.*
- *Medicamentos.*

Los medicamentos pueden ser objetos de apoyo independientemente de su efecto medicinal. Muchas personas cargan Xanax o medicinas similares durante años sin tomar una sola pastilla. ¡Sienten alivio al saber que está en su bolsa o bolsillo! Trabajé con un paciente a quien le preocupaba mucho tener un ataque de pánico, un hombre que además amaba ir a bucear. Cuando se sumergía llevaba consigo una tableta de Xanax amarrada a su pierna en un contenedor a prueba de agua debajo de su traje de neopreno, ¡aunque sabía que sería imposible tomarla estando bajo el agua!

Haz inventario

¿A cuál de los comportamientos para combatir la preocupación descritos en este capítulo recurres con mayor frecuencia? ¿Son eficaces o no? ¿Cuáles te gustaría dejar atrás?

Antes de continuar, toma unos minutos para hacer una lista de esos comportamientos y periódicamente revísalos o actualízalos conforme sea necesario.

Piénsalo

En este capítulo he descrito la relación dual que tienen las personas con la preocupación. A veces tomas el contenido aparente de tus preocupaciones con seriedad e intentas protegerte de ellas o desmentirlas. A veces reconoces que esos pensamientos son exagerados e irreales, empiezas a preocuparte por lo mucho que te preocupas y haces todo lo posible para detenerlos.

Ninguna respuesta funciona a largo plazo. Ninguna es capaz de darte el alivio que buscas. Más bien, ambas empeoran tu relación con la preocupación y se suman al sentimiento de estar «atascado» en ésta. Peor aún, podrían darte la percepción desalentadora de que «mientras más me esfuerzo, más difícil se pone» y eso hace que te sientas incapaz de ayudarte a ti mismo.

Afortunadamente, hay una manera eficiente de salir de este atolladero: tu relación con la preocupación ha empeorado, pues te ha engañado para que hagas cosas que *la empeoran*. Al descubrir esto puedes enfocar tu atención y energía en diferentes tipos de respuestas a la preocupación, las cuales recompensarán tus esfuerzos con una mejor situación. En los siguientes capítulos te enseñaré algunos métodos que puedes probar y que seguramente te darán los resultados que quieres.

CAPÍTULO 4

Sentirte aterrado en ausencia de peligro: ¿Qué tan extraño es eso?

Probablemente estás leyendo este libro porque te molestan las preocupaciones que reconoces como irreales o exageradas. Suena extraño decirlo, pero ésa es una buena noticia. En realidad, no tienes los problemas que tus preocupaciones señalan. La mala noticia es que esta preocupación funciona como un capote rojo frente a un toro. El capote no es una amenaza para el toro, pero lo lleva a cargar contra él y entonces se vuelve vulnerable ante la espada del matador. Tus preocupaciones no son una amenaza para ti, pero tratas de pelear contra ellas para eliminarlas y eso te vuelve vulnerable ante otras preocupaciones. Cuando te resistes a tus pensamientos esperas ser el matador, pero en realidad te conviertes en el toro.

Este capítulo te ayudará a ver que este tipo de preocupación no significa que tengas una mente débil o aquejada, más bien es una consecuencia natural de cómo está organizado el cerebro. Esto es muy importante, porque si te siguen «estafando» con la idea de que tus pensamientos son una señal de que algo está mal contigo, seguirás engañándote para responder de maneras que empeorarán las cosas, en vez de mejorarlas. Seguirás mordiendo el anzuelo. Así que permíteme enseñarte cómo estas preocupaciones son una consecuencia natural del tipo de cerebro que tenemos y del mundo en que vivimos. Esto te pondrá en una mejor posición para usar cualquiera de las diferentes respuestas que conocerás en los próximos capítulos.

Se vende miedo

Si constantemente te sientes ansioso como respuesta a tus pensamientos preocupantes, si con frecuencia tienes miedo cuando no estás en peligro, ¿significa que hay algo malo contigo?

La respuesta breve es no. Esto es parte de lo que significa ser humano; sentimos miedo aunque *sabemos* que no estamos en peligro.

Para evidencia de esto lo único que debes hacer es ir a la biblioteca más cercana, a tu librería favorita o revisar las funciones del cine. ¿Cuál es la evidencia? Los libros y las películas de terror que resultan tan exitosos comercialmente en nuestra cultura. Miles de millones de dólares pasan de mano en mano en todo el mundo cada año en el negocio del entretenimiento macabro.

Quizá te preguntes por qué alguien querría tener una experiencia así y, peor aún, pagar por ella. Es una buena pregunta, pero eso no es lo que más llama mi atención sobre el entretenimiento macabro. Lo más interesante de los libros y las películas de miedo es que *funcionan*. Las personas pueden leer o ver un producto que saben muy bien que es ficción ¡y aun así sentir miedo! Las películas de terror tal vez no sean de tu agrado, y no te estoy pidiendo que vayas a ver alguna, sólo estoy diciendo que funcionan y con eso te ayudaré a ver lo que esto dice de la humanidad en general.

Sólo es una película, pero aun así puede asustarte

La gente que ve películas de terror sabe que «sólo se trata de una película», pero eso no importa; aun así se asustan. La capacidad de asustarnos, aunque sabemos que no estamos en peligro, es una característica de nuestra especie. ¡Si no fuera así, Stephen King estaría escribiendo en la revista *Cosmopolitan*! Si sueles culparte o criticarte por sentir miedo de tus exageradas e irreales preocupaciones, ésta es una información muy importante que deberías tomar en cuenta.

Si ves una película de terror y te asustas, quizá te digas a ti mismo: «Sólo se trata de una película», pero eso no suele ahuyentar el miedo. Si realmente te preocupa algo y tus amigos te dicen: «Deja de preocuparte por eso», sabes que eso tampoco funciona.

Una razón de por qué esto no suele funcionar es porque no controlamos directamente nuestros pensamientos. Podemos dirigir nuestra atención a un problema en particular, como un problema matemático que queremos solucionar o un crucigrama que queremos completar. Pero no podemos obligar a nuestro cerebro a producir únicamente los pensamientos que queremos y que no genere los indeseados. Nadie puede.

El problema que tenemos con la preocupación no es sólo no poder controlar nuestros pensamientos. El problema es que solemos olvidarlo, o lo desconocemos, y creemos que *deberíamos* estar controlando nuestros pensamientos. Esto nos conduce a una lucha innecesaria y contraproducente con nuestros propios pensamientos.

¿Por qué tengo estos pensamientos?

Tal vez entiendas lo que estoy tratando de explicar con las películas de terror, pero aun así te sientes culpable por preocuparte y sentir miedo. A veces la gente me dice que entiende por qué se siente aterrada al ver una película de terror, pero se está asustando *sin* la película y por eso se culpa a sí misma.

Es verdad que, aunque no están yendo a un cine en su mundo exterior, sí están viendo algo parecido a una película de terror. Está «en su cabeza», en su mundo interior, en ese espacio que todos usamos para imaginar. Es una función privada que siempre está abierta para una audiencia de una persona: tú. Es un espectáculo para una persona, un monólogo lleno de pensamientos irreales de «¿y si...?» con finales catastróficos.

¿Por qué esa película está en tu cabeza? Para entender esto necesitas comprender el propósito de la ansiedad.

¿Cuál es el propósito de la ansiedad?

¿Para qué crees que sirve la ansiedad? ¿Por qué tenemos la capacidad de sentir ansiedad?

Si has identificado algo sobre mandar una alerta a un peligro potencial, no estás tan perdido. El objetivo debe ser identificar problemas y amenazas potenciales, antes de que escalen y se conviertan en una crisis completa, para así poder planificar una solución y vivir con mayor seguridad. Ésa es una buena habilidad, eso es lo que necesitamos. A diferencia de las demás especies, probablemente, nuestros cerebros nos permiten imaginar diferentes escenarios futuros y preparar una respuesta. Así es como algunos cazadores primitivos descubrieron que atrapar un mamut en una fosa les permitía convertirlo en comida para toda la tribu. Esta habilidad nos ayudó a convertirnos en el principal depredador del mundo, aunque existan animales más grandes, fuertes y rápidos, con dientes y garras más filosas.

Una falsa predicción

Pero esta habilidad para imaginar escenarios futuros no es perfecta, no puede serlo. No conocemos el futuro hasta que llegamos a él y nuestra proyección imaginaria de lo que pasará suele estar sujeta a error. Y sólo hay dos tipos de error posibles.

El primer tipo es conocido como un *falso positivo*. Crees que algo está presente cuando no es así. Si un cavernícola se queda en su cueva todo el día, temblando de miedo porque cree escuchar a un tigre dientes de sable rondando, cuando en realidad se trata de un par de conejos que podrían servir como alimento para su clan, estamos hablando de un falso positivo. No será devorado por un falso positivo, pero sí evitará que salga a conseguir la comida que necesita o a descubrir que una tribu vecina se prepara para atacarlo.

El segundo tipo es llamado *falso negativo*. Es cuando crees que algo está ausente cuando en realidad está presente. Si un cavernícola sale de su cueva, seguro de que no hay tigres dientes de sable, y en realidad uno está acechándolo silenciosamente, estamos hablando de un falso negativo. El cavernícola podría ser devorado por un falso negativo.

Ningún cerebro está libre de errores, así que eventualmente cometerás alguno. ¿Qué tipo preferirías? ¿Pensar que hay un tigre cuando en realidad no lo hay o creer que no está presente cuando te está acechando? Nuestro cerebro suele preferir errores del tipo 1, y el resultado es la preocupación crónica. Esto quiere decir que nunca serás sorprendido por un tigre dientes de sable, pero seguramente pasarás mucho tiempo escondido en una cueva oscura e inhóspita, aterrado por algo inexistente, mientras otras tribus más atrevidas roban tu cosecha y disfrutan de conejos asados en la cena.

El hecho de tener un cerebro que favorece los errores del tipo 1 probablemente ayudó a que nuestra especie sobreviviera. Al igual que cualquier otra característica, está distribuido en proporciones diferentes en la población, como la estatura. Algunas personas tienen esta tendencia mucho más marcada que otras. Es mejor para la tribu tener personas con ambos tipos, tanto a guerreros agresivos con poco miedo que saldrán y cazarán a un mastodonte para desayunar, como a miembros cautelosos que vivirán lo suficiente para criar a una nueva generación y alimentarla cosechando maíz.

Así que la preocupación al menos tiene ventajas para la especie, por eso solemos tender a preocuparnos y algunos de nosotros, por herencia genética, lo hacemos más que otros. Si tienes problemas con la preocupación crónica, las probabilidades indican que tus ancestros tenían el mismo problema.

Pero, por si te lo estás preguntando, ¿esto no es aprendido? ¿No me he entrenado para ser un preocupado? ¿Y eso no significa que es mi culpa?

¿Es tu culpa?

No. Tal vez asumas que todos nacemos como un pizarrón en blanco y que nuestra personalidad y nuestros rasgos se desarrollan a través del aprendizaje, pero no es así. Si vas al ala de maternidad de cualquier hospital y ves a los bebés, mientras los orgullosos familiares se acercan a conocerlos, notarás que todos reaccionan de una manera diferente a las luces y a los ruidos. Mientras algunos ven directamente la fuente de la luz o del ruido, interesados, otros lloran y se muestran angustiados. A otros más no les llama la atención, ni para bien ni para mal. Son bebés recién nacidos y aun así son evidentemente muy diferentes en cuanto a su aprehensión e interpretación del peligro.

Si tienes problemas con la preocupación crónica excesiva en la edad adulta, es muy probable que esta tendencia tenga un antecedente en tu infancia, aun antes de que pensaras en ello como un problema. Quizá debas detenerte a pensar: ¿mostraste alguna tendencia con respecto a la preocupación adicional en tu infancia? ¿Qué historias te cuentan tus padres y hermanos mayores sobre esto? Es común que este rasgo se remonte a tu infancia, aunque en ese entonces nadie lo reconociera como lo que realmente era.

Nuestros cerebros no evolucionaron para balancear cuentas de cheques, resolver problemas de física cuántica o disfrutar una novela. Evolucionaron para ayudarnos a sobrevivir, para evitar el peligro y solucionar problemas en el mundo real. Los cerebros más susceptibles al peligro, aun creyendo que había diez tigres cuando en realidad sólo había uno, tenían una ventaja, pues era más probable que las personas que los tenían sobrevivieran y se reprodujeran.

Nuestros cerebros tienen la misma función básica hoy en día, alejarnos del peligro y solucionar problemas. Sin embargo, nuestro ambiente ha cambiado muchísimo. No tenemos que lidiar con tigres dientes de sable y no hay derrumbes o pantanos de los que debamos protegernos, al menos no tanto como antes. Aun así, nuestros cerebros siguen esperando la peor posibilidad; sin importar lo remota o hipotética que pueda ser, siempre está buscando maneras de evitarlas.

Además, pasamos más tiempo «en nuestras cabezas» que nuestros ancestros. En las civilizaciones modernas las personas pasan más tiempo procesando información, ya sea en libros, internet, películas o cualquier otro medio; en cambio, nuestros ancestros se preocupaban más por los objetos físicos de su entorno. Nos acostumbramos tanto a trabajar con pensamientos que a veces los equiparamos con la realidad. Confundimos el contenido que existe en nuestro mundo interior con los objetos y eventos que ocurren en el exterior, y no es lo mismo. El contenido es sólo eso, *pensamientos* sobre el mundo exterior.

El cerebro no tiene un interruptor de apagado, hace esto todo el tiempo, te guste o no. Como cualquiera de las demás funciones vitales para nuestra supervivencia, continúa sin nuestro control consciente. Por esa razón ves más películas de terror en tu cabeza de las que verías si estuviera bajo tu control consciente.

La preocupación no es tu enemiga, aunque lo parezca. Si sufres preocupación crónica, ésta puede causarte muchos problemas e infelicidad, y te sentirás mucho mejor cuando encuentres una mejor forma de relacionarte con ella. No obstante, no debes creer que la preocupación crónica es un enemigo terrible que está tratando de destruir tu vida ni tampoco que es un error en tu cerebro o en tu carácter. Más bien se trata de una habilidad útil que ha crecido desproporcionadamente y se ha convertido en algo grande e influyente, aunque su verdadera necesidad haya disminuido. La preocupación crónica es a la preocupación normal lo que cinco kilos de chocolate a un gramo; una te enfermará, mientras que la otra puede ser una adición agradable a tu dieta.

Si sufres a causa de la preocupación crónica, entonces existe un problema, uno que puede ser resuelto o no. Pero no te dejes engañar, no es tu culpa y tampoco es tu enemiga.

El cerebro es más complejo de lo que crees

Las personas suelen frustrarse al no poder deshacerse de pensamientos preocupantes. «Sé que ésta no es la realidad —dirán algunos—, ¡pero de nada sirve!» Creen que la razón por la que sus esfuerzos no sirven es porque algo está mal con ellos, pero la verdadera razón es que una parte diferente del cerebro entra en acción cuando te asustas.

Cuando la mayoría de las personas piensan en su cerebro, se imaginan la parte llamada *corteza cerebral*. Es aquí en donde tiene lugar el pensamiento consciente, y de ahí parte el lenguaje y la lógica. Hay mucho más en tu cerebro de lo que conoces y cada parte funciona de manera distinta. Una de esas otras partes se llama *amígdala* y, aunque tiene muchas funciones, uno de sus trabajos principales es regular la respuesta de pelea o escape.

Conoce tu amígdala

Quiero contarte algunas cosas sobre la amígdala que te ayudarán a entender por qué has tenido tantos problemas con la preocupación crónica.

La amígdala se encarga de regular las respuestas de pelea o de escape porque es capaz de reaccionar más rápido que la corteza cerebral. Tiene una conexión directa con tus ojos y oídos y recibe información del mundo exterior antes que cualquier otra parte de tu cerebro. Este flujo acelerado de información del exterior le permite responder a la pregunta: «¿Es seguro?».[1]

La amígdala no posee un lenguaje, aprende por asociación y así es también como recuerda. Así que, si tuviste tu primer ataque de pánico en un restaurante italiano, es posible que a partir de ese momento te sientas nervioso o incómodo cada vez que veas un mantel con un estampado a cuadros o huelas salsa para pasta, y ni siquiera sepas por qué. Ése es el trabajo de tu amígdala, mantenerte seguro de la única manera que sabe hacerlo.

Tu corteza cerebral puede observar que no hay peligro, sólo pan de ajo y pasta. En el cine puede saber que no hay un monstruo, sólo una película sobre monstruos. ¿Por qué la corteza no le dice a la amígdala que se relaje? Porque las conexiones nerviosas entre la corteza y la amígdala sólo permiten comunicación de una sola vía. La amígdala puede mandar señales a la corteza, pero no al revés.

Esto es bueno, ya que la amígdala es la responsable de generar respuestas rápidas ante circunstancias peligrosas. Cuando un autobús se pasa el semáforo en rojo y se dirige a ti mientras cruzas la calle, tu amígdala entra en acción y de repente estás corriendo lejos del peligro sin haber identificado conscientemente el problema ni haber pensado en una solución. No importa lo que hayas estado pensando en el momento en que el camión se dirigió hacia ti, tu corteza cerebral fue silenciada eficientemente. No necesitas pensar cuando un camión a toda velocidad puede atropellarte, ¡necesitas acción! No tenemos tiempo para que la corteza cerebral genere un pensamiento consciente y deliberado. A diferencia de la amígdala, la corteza es como un comité de personas de la tercera edad, todos ellos sentados, recordando los viejos tiempos, discutiendo y usando más palabras de las necesarias para describir los viajes en camión que han tomado. ¡Es demasiado lenta para las emergencias!

Por eso no puedes tranquilizarte diciéndote que tu preocupación es irracional. Tu amígdala no está escuchando. No tiene tiempo para el parloteo de tu corteza. Está demasiado ocupada buscando señales de peligro y respondiendo, está tratando de protegerte de la única manera que sabe hacerlo y provoca tu respuesta haciéndote sentir ansioso.

Tal vez estés pensando que te gustaría decirle un par de cosas a tu amígdala. ¡No puedes! ¡No usa un lenguaje! Entonces ¿cómo puedes reprogramar tu amígdala para que no presione el botón de pánico cuando no estás en peligro?

Último dato sobre la amígdala: sólo «aprende» o crea nuevos recuerdos cuando está activada. ¿Sabes a lo que me refiero al decir activada? Quiero decir cuando tienes miedo. Cuando todo parece normal y simplemente estás yendo por la vida como todos los días, tu amígdala está en reposo y no crea nuevos recuerdos. Sólo lo hace cuando detecta una señal de peligro, que se active tu sistema nervioso simpático y que entren en acción las respuestas de pelea o escape.

Tu oportunidad de reprogramar a tu amígdala y cambiar tu relación con la preocupación crónica es cuando sientes miedo o te molestan tus pensamientos. Si tuvieras una fobia hacia los perros, reprogramarías a tu amígdala pasando tiempo con un perro, sintiendo miedo y quedándote con él el tiempo necesario para que ese miedo pase. A partir de eso, la amígdala crearía nuevas observaciones sobre los perros y, mientras más tiempo te encuentres en esa situación, tu reacción de miedo crónico disminuirá. No puedes «decirle» a tu amígdala que los perros son seguros, pero puedes crear la oportunidad para que lo descubra.

Si eres una persona con preocupaciones crónicas, los pensamientos preocupantes son los perros. Puedes conseguir un avance positivo de la misma manera que lo hace una persona con miedo a los perros trabajando con tus pensamientos en vez de contra ellos.

«Superarlo» no es el punto

Cuando alguien se asusta más de lo esperado en una película de terror suele usar uno de varios métodos para superarlo. Puede salirse del cine (aunque no lo creas hay gente que lo hace), pero la mayoría trata de quedarse porque fue con alguien que no quiere salirse, así que emplea varias técnicas para mantener su miedo bajo control.

Tal vez decida distraerse agachándose para atarse las agujetas o revisando si tiene mensajes de texto en su celular. Quizá pruebe un poco de reestructuración cognitiva recordándose que «¡sólo es una película!», aunque eso ya lo sepa. Probablemente se cubrirá las orejas u ojos para exponerse menos al material aterrador o quizá tome el brazo de la persona a su lado (¡pero eso suele funcionar mejor si el acompañante es un conocido y no un completo extraño!).

Las técnicas que suelen emplear las personas en una película de terror son parecidas a las que usa la gente con preocupación crónica. Las conductas de seguridad que revisamos en el capítulo 3, como la distracción, cambio o corrección de pensamientos, y reducción de señales o información que llame tu atención, funcionan como las estrategias que usas en las películas de terror. Es importante que notes que estas técnicas no ayudan mucho a reducir la preocupación. Más bien, la dejan en el mismo lugar porque necesitan una constante repetición y supervisión, como colocar tu dedo sobre una fuga para que el agua no pase. Establecen un *impasse*, como dos personas que son igual de fuertes y compiten jalando una cuerda. Si bien estas respuestas naturales pueden ayudarte a quedarte en la sala de cine, es muy probable que no te ayuden a que la película sea menos aterradora. Si vieras esa película de nuevo, seguramente tendrías pensamientos anticipatorios sobre lo terrorífica que es y estarías motivado para usar las mismas técnicas (taparte los ojos o tratar de distraerte) que usaste la primera vez que la viste.

Ya que seguramente no piensas ver la película de nuevo, ése no es un problema. Sin embargo, cuando usas el mismo tipo de técnicas para responder a pensamientos preocupantes *creas un gran problema*. Si no quieres, no verás la película de nuevo, pero volverás a experimentar pensamientos de preocupación una y otra vez porque son una ocurrencia natural de la vida. Si manejas tus pensamientos de la misma manera que cuando ves una película de terror, en lugar de aliviar tus preocupaciones estás entrando en una pelea mental. No estás cambiando tu relación con la preocupación. Estás esforzándote y luchando más por mantener la desagradable relación que tienes con la preocupación en lugar de cambiarla.

Toda la preocupación es lo mismo

Tenemos un sinfín de maneras de experimentar la ansiedad. Por ejemplo, podemos experimentarla como una sensación física. Los síntomas más obvios son un ritmo cardiaco acelerado, tensión muscular, dificultad para respirar, malestar estomacal, sudoración, temblores, etcétera.

También experimentamos la ansiedad como un comportamiento. Algunos ejemplos de ansiedad conductual son morderte las uñas, jalarte el cabello o cualquier otro comportamiento compulsivo. También se incluyen las diversas formas de evitación y escape, como ir de compras a una hora específica o en tiendas pequeñas por miedo a hacer una fila con varias personas; manejar por un camino secundario, aunque sea más largo, con tal de no entrar en una autopista; viajar en coche varios días por miedo a volar; comer en tu escritorio en vez de ir a la cafetería porque sufres de ansiedad social, etcétera. Golpear el suelo con los pies, sacudir la pierna, jugar con las manos o acomodarte constantemente en un asiento son movimientos inquietos del cuerpo sin un objetivo aparente y también son expresiones conductuales de la ansiedad.

También podemos experimentar la ansiedad en forma de pensamientos.

Todos estos tipos diferentes de síntomas tienen el mismo significado esencial: «estoy nervioso». Con el tiempo podemos aprender lo que significan estos síntomas nerviosos. Las primeras veces que las personas experimenten una sensación nerviosa en su estómago es probable que crean que se trata de una enfermedad o hasta vomiten. Pero conforme tengan más experiencia con estos síntomas, podrán reconocer que es una sensación nerviosa y no una enfermedad.

Los síntomas físicos de un ataque de pánico pueden engañar a una persona por un periodo prolongado. No es raro que personas con ataques de pánico sigan creyendo, por mucho tiempo, que los síntomas físicos de sus ataques son una advertencia de una pérdida de control o hasta de una muerte próxima. Sin embargo, conforme la gente nota un progreso con respecto a su malestar, puede reconocer que esos síntomas no significan nada más que pánico.

Cómo te quieren tomar el pelo tus pensamientos

Los pensamientos son complicados. Con sensaciones físicas y comportamientos que son señales de ansiedad, las personas naturalmente aprenden a interpretar los síntomas de manera correcta. Si en una reunión ves que una persona mueve una y otra vez la pierna, ¿pensarías que esa persona no puede esperar a jugar futbol o que se está preparando para patearte? Si ves a alguien que se muerde las uñas, ¿qué tan probable es que pienses que está tan hambriento que no le queda más que comerse las uñas? ¡Seguramente no piensas en eso! Probablemente reconozcas que estos síntomas tienen que ser interpretados, pues sería demasiado simplista entenderlos a partir de su significado literal.

Pero es fácil que los pensamientos (especialmente los propios) te engañen para que tomes el contenido aparente del pensamiento como su significado preciso. Ninguna interpretación parece necesaria. Si experimento un pensamiento como: «¿Y si tengo cáncer?» en un estado mental ansioso es como si el pensamiento del cáncer en sí fuera una señal de un cáncer futuro, aunque en realidad no sea más que una expresión nerviosa enfocada en la idea del cáncer. De la misma manera, un latido acelerado del corazón es una señal de nerviosismo enfocada en el corazón, y morderse las uñas no es más que una señal de nerviosismo enfocada en los dientes y uñas.

En pocas palabras, el contenido real de los pensamientos preocupantes, causados por la preocupación crónica, por lo general no tiene nada que ver con el contenido aparente de los pensamientos. Volveremos a hablar de esto en el capítulo 6, cuando hagamos un diagrama con nuestros pensamientos preocupantes. El verdadero significado de estos pensamientos es igual al de un ritmo cardiaco acelerado en una persona que sufre un ataque de pánico, a la sudoración o boca seca en una persona a punto de dar una presentación o a la inquietud en la pierna de una persona que espera que inicie una junta o que despegue su avión.

¿Cuál es el significado de estos síntomas? «Estoy nervioso». Así de simple: estoy nervioso.

Sin embargo, como estos síntomas se expresan en palabras o imágenes, solemos tratarlos de manera diferente que a los demás. Pensamos en nuestros pensamientos. Surgen ideas sobre lo que significan o cómo deberíamos responder, que lo único que logran es estorbar. Encontrar una solución al problema de la preocupación crónica necesita nuevas maneras de responder ante ella, no más esfuerzos para eliminarla.

Supongamos que, en vez de simplemente querer «superar» una película de terror, que antes te alteró mucho, quisieras llegar a un punto en el que pudieras verla sin sentir una emoción fuerte. No sé por qué querrías eso, pero si ése fuera tu deseo, ¿cómo podrías llegar a un punto en el que la película no te altere?

La respuesta no estaría en los pasos que ya vimos para «superar» una película de terror. Esos pasos conservan el miedo al luchar por mantenerlo a raya. Eso está bien para una película de terror, porque «superar» una película de terror es un incidente menor en tu vida, que puedes dejar atrás cuando la función termine. Sin embargo, la preocupación puede convertirse en una parte central de tu vida, y tratar de «superar» tu vida no es una estrategia viable, es una tragedia.

La respuesta que se me ocurre como la forma más confiable para drenar el miedo de una película de terror, para lograr que sea más tediosa que terrorífica, sería verla una y otra vez. Podrías rentar el DVD (¡o algo más moderno!) y verla una y otra vez, sin saltarte las partes que más miedo te dan y sin bajar el volumen, más bien adentrándote en ella una y otra vez.

Debes tener una motivación inquebrantable para hacer esto, porque durante las primeras veces te sentirás incómodo y aterrado. Pero

¿crees que si hicieras esto una y otra vez la película finalmente dejaría de asustarte?

Al fin y al cabo, esto es lo que les pasa a las personas que aman las películas de terror. Se estrena una nueva película de terror y un aficionado descubrirá su nueva película de terror «favorita». Verán esa película varias veces y después dejarán de obtener ese aterrador «placer» que tanto buscan, hasta que una nueva película se convierta en su favorita. Con suficientes repeticiones, la que solía ser su preferida se vuelve aburrida; eso es lo que queremos que hagas con la preocupación crónica, que la hagas más aburrida y menos molesta.

¿Cómo puedes empezar a hacer eso? En los siguientes dos capítulos encontrarás la respuesta.

Piénsalo

Con frecuencia las personas perciben su preocupación crónica sobre eventos improbables y las consecuencias exageradas como una señal de que hay algo malo en ellos. Esto hace que se culpen y se avergüencen de sí mismas, como si tuvieran una falla terrible y autoinfligida que los obligara a pelear con la preocupación en formas que la mantienen en lugar de eliminarla. Espero que este capítulo te haya ayudado a ver que la preocupación es parte natural de la vida, un efecto secundario de una habilidad que le ha ayudado al ser humano a sobrevivir y a prosperar, y que la preocupación crónica es el resultado de tratar de suprimir algo que no se puede y no tiene por qué ser suprimido. Mientras más puedas cultivar una actitud de aceptación hacia los pensamientos de la preocupación crónica, más fácil será tu trabajo.

¿Cómo puedes hacer eso? Lo veremos en el siguiente capítulo.

CAPÍTULO 5

Apagando incendios con gasolina y la regla de los opuestos

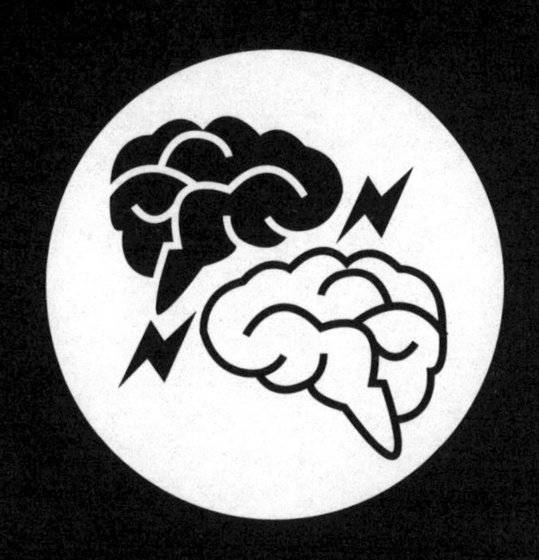

«Mientras más me esfuerzo, peor se pone».

Si me dieran cinco centavos por cada vez que un paciente me ha dicho eso, necesitaría muchísimas bolsas. ¿Alguna vez has pensado eso? ¿Describirías así tus esfuerzos por eliminar la preocupación crónica?

¡Es tan frustrante! Te esfuerzas muchísimo por deshacerte de estas preocupaciones indeseadas y que no ayudan en nada, pero no ves beneficio alguno. A veces todo parece empeorar las cosas en lugar de ayudarte.

De hecho, si has estado usando métodos como los descritos en el capítulo 3, sólo has empeorado las cosas. No es que sufras preocupación crónica *a pesar* de tus mejores esfuerzos, sigues sufriendo preocupación crónica *por culpa* de tus mejores esfuerzos. ¡Es la máxima ironía! Tus esfuerzos por detener la preocupación son la razón principal de tus preocupaciones.

¿Es culpa tuya o de tus métodos?

Esto podría conducir a que creas que hay algo malo en ti y te culpes por la preocupación que sientes. Quizá pienses que siempre tendrás este problema y eres diferente de las demás personas «normales» que parecen estar despreocupadas.

Hay una valiosa verdad escondida detrás de la culpa y de la vergüenza. Si estás intentando lograr algo y te das cuenta de que mientras más te esfuerzas más se complica, deberías poner más atención en los métodos que estás empleando. Posiblemente haya algo en ellos que no te da los resultados deseados. Es más probable que haya algo defectuoso en tus métodos, y no en ti. ¡Te han engañado para que uses métodos que no conseguirán el resultado que buscas y además lo alejarán aún más!

La preocupación crónica es uno de esos problemas por los que la gente dice: «No intentes apagar un incendio con gasolina». Esta metáfora describe a una persona que, al descubrir que la casa de su vecino se está incendiando, toma apresuradamente el primer líquido que encuentra. Desafortunadamente, el líquido resulta ser uno de los cientos de cubetas llenas de gasolina que hay en el patio. Aún peor, en su prisa supone que las cubetas contienen agua. Avienta algo de gasolina al fuego y lo único que logra es hacerlo crecer. Al ver que el problema empeora, el hombre sigue aventando desesperadamente cubetas llenas de gasolina, y el incendio sigue creciendo. Mientras más se esfuerza, más crece el fuego.

Hay algunas incongruencias en esta metáfora, como ¿quién no reconocería el olor a gasolina y quién la tendría en cubetas en su casa? Pero si pasamos por alto estos pequeños fallos, la historia nos permite entender la preocupación crónica.

Supongamos ahora que el vecino, el que recolecta gasolina como pasatiempo, regresa a su casa y grita:

—¡Oye! ¡Eso no va a funcionar! ¡Estás tratando de apagar un incendio con gasolina!

¿Qué harías en ese momento? Si de repente te dieras cuenta de que estás tratando de apagar un incendio con gasolina, probablemente no sabrías qué hacer después. Estás enojado contigo mismo por haber cometido ese error, preocupado por tus vecinos, cuya casa se está quemando, desearías no haber intentado ayudar. Por un lado, no sabes qué hacer, pero por otro, sabes que el primer paso es muy obvio.

¡Olvida las cubetas! ¡Deja de arrojarle más gasolina al fuego!

Casi cualquier cosa será mejor que seguir aventándole gasolina al incendio. ¡Hasta quedarte parado sin hacer nada será mejor! No trates de arrojar gasolina más rápido o más lejos o un poco más a la izquierda. ¡Deja de hacerlo!

¿Qué nos dice esto de cómo manejamos la preocupación crónica? Que cuando nos dejamos llevar por ella, nuestro instinto natural para solucionar el problema puede hacer que éste se vuelva peor, en vez de solucionarlo. Probablemente tengas soluciones para tu preocupación, como las que identificaste en la lista del capítulo 3, que sería mejor no usar, pues ésas son tus cubetas llenas de gasolina.

Problemas contradictorios

¿Cómo podría pasar esto? ¿Cómo podemos empeorar nuestra situación al tratar de mejorarla?

No es difícil y, a decir verdad, es más común de lo que crees. La preocupación es un problema contradictorio, uno en el que es probable que tus instintos de cómo ayudarte a ti mismo empeoren la situación en lugar de mejorarla. Cuando tratas de solucionar un problema contradictorio con soluciones intuitivas, el problema empeora.

Cuando mi hijo, a los dos años, decía «no» a todo, creaba un problema contradictorio para mí. A veces olvidaba que estaba aprendiendo a ser independiente, a usar una palabra poderosa y que eso era emocionante y divertido para él. A veces me acercaba a él tratando de compartirle mi conocimiento adulto para ayudarlo a ver su error. ¡Pero sólo terminábamos peleando! Mientras más discutíamos, más disfrutaba decir «no»; su frase favorita era «porque no». (Ahora tiene 20 años, ¡pero de vez en cuando lo seguimos haciendo para recordar los viejos tiempos!)

Si trato de resolver un problema contradictorio con una solución intuitiva, es muy probable que falle. Si quiero resolver un problema contradictorio necesito una solución contradictoria. Necesito combatir el fuego con fuego.

No es tan raro como puede sonar. Hay muchos ejemplos en el día a día de cómo funciona esto. De niño aprendí que cuando mi cachorra se zafaba de su correa, si la perseguía ella sólo corría más lejos. Ella tenía cuatro patas y yo sólo dos pies, así que nunca la alcanzaba, pero si corría para alejarme de ella, me perseguía y cuando se acercaba la podía tomar del collar. Contradictorio.

Cuando te metes al mar, ¿qué haces si una enorme ola se acerca a ti? Si te volteas y te apresuras hacia la costa, es probable que la ola te alcance y te revuelque; terminas con la boca llena de agua salada y arena. En cambio, si te sumerges en la base de la ola, ésta pasa por encima de ti como si nada. Contradictorio.

¿Vas manejando por un camino congelado y de pronto te encuentras derrapando hacia un poste? Si tratas de girar el volante lejos del poste, seguramente pronto estarás hablando con tu aseguradora; pero, si giras el volante hacia el poste (¿se imaginan al primer valiente que probó esto?), enderezarás el auto y estarás bien. Contradictorio.

Hay muchos problemas contradictorios. Cuando el ejército entrena a los soldados para que respondan a una emboscada les enseñan a correr hacia el enemigo, no a alejarse de él. ¿Por qué? Porque el enemigo está esperando que huyan y ahí es donde están apuntando sus armas (¡espero que no estén leyendo esto!). ¿Estás atrapado en arenas movedizas? Bueno, ya entiendes el punto. Contradictorio.

La dificultad al resolver problemas contradictorios es que, cuando te esfuerzas por solucionarlos y ves que estás fallando, tu instinto será «intentarlo aún más», algo que sólo empeorará la situación. Puede hasta parecer que el mundo te está insultando al no responder a tu solución, lo que te hace sentir frustrado y enojado contigo mismo, al tiempo que sólo empeoras la situación.

Actitudes sobre los pensamientos

Los ejemplos previos involucran problemas contradictorios a nuestro alrededor, pero puede ser mucho más complicado cuando el problema está en nuestro interior, en nuestra mente. Tenemos suposiciones no examinadas sobre nuestros pensamientos que influyen en nuestras reacciones de formas negativas.

Nuestros cerebros no son computadoras que simplemente generan un resultado. Una computadora genera una respuesta a un problema, tal vez haga un cálculo por ti o le dé formato al material que has escrito a manera de carta, pero no tiene opinión alguna sobre lo que produce. A una computadora le haces una «pregunta» y lo único que obtienes es una respuesta.

Nuestros cerebros no funcionan así. Tenemos pensamientos, y éstos incluyen preocupaciones. También tenemos actitudes, creencias y pensamientos *sobre* nuestros pensamientos. Una creencia sobre pensamientos que examinamos brevemente en el capítulo 3 es que los pensamientos pueden ser peligrosos. Analicémoslo de nuevo.

¿Los pensamientos son peligrosos? ¿Quieres hacer un experimento? Tómate un minuto para pensar que este libro se incendia en tus manos. Piénsalo detalladamente. Imagina que las llamas se expanden por cada una de las páginas y las convierten en ceniza, imagina el olor del papel quemado, el humo elevándose en espiral hacia el techo. En cualquier minuto sonará la alarma contra incendios. Aun así, aquí estás, sosteniendo un libro que no se está incendiando en tus manos, leyendo estas palabras.

Parece bastante claro que los pensamientos no son peligrosos. Sólo las acciones pueden serlo.

¿Por qué no puedes controlar tus pensamientos?

Una actitud importante que mucha gente tiene sobre sus pensamientos es que «deberían» poder controlarlos. Piensan que deberían poder tener los pensamientos que quieren y no tener los indeseados. ¿Alguna vez has pensado esto?

La gente que cree esto suele ofenderse e irritarse por la manera en la que sus pensamientos parecen desafiarlos. Una y otra vez revisan la evidencia sobre el contenido de sus preocupaciones y ven que no es probable que ocurran los eventos que tanto temen. Se dicen que «no hay nada de qué preocuparse». Siguen con su vida como si nada, pero tarde o temprano los mismos pensamientos de preocupación regresan a su mente. ¡Quizás hasta los hayan estado esperando! Entonces se enojan consigo mismos otra vez y se preguntan «por qué» siguen teniendo los mismos tontos pensamientos, y se llaman la atención de la misma manera que regañarían a un adolescente por dejar los trastes sucios en vez de lavarlos.

La verdad es que no podemos controlar nuestros pensamientos y *siempre* hay algo de qué preocuparnos, porque tenemos la posibilidad de sentir preocupación por cualquier cosa imaginable. No necesitamos un peligro real para preocuparnos.

Prueba este experimento. Piensa en un elefante durante 20 segundos y después deja de hacerlo. No más elefante. Toma unos minutos y aléjalo de tu mente. No pienses en su larga trompa, ni en el sonido que hace con ella, nada de colmillos ni de comer cacahuates y mucho menos pienses en el miedo que le tiene a los ratones.

¿Cómo te fue? La probabilidad dice que pasaste al menos un rato pensando en elefantes. Para la mayoría de las personas el resultado será tan obvio como un elefante paseando por la jungla. Si crees que no tuviste ni un pensamiento en elefantes en esos minutos, pregúntate esto: ¿cómo lo sabes? La única manera de evitar todos los pensamientos sobre elefantes es pensando en lo que significa pensar en elefantes, ¡y ver si lo haces mientras evitas hacerlo! De la manera que lo veas, ¡los elefantes llegarán a tu cerebro!

Cada vez que intentas deliberadamente dejar de pensar en algo, es probable que pienses aún más en eso. Las investigaciones psicológicas relacionadas con la supresión de pensamientos[1] demuestran con claridad que el principal efecto al intentar eliminar un pensamiento es el resurgimiento del pensamiento que intentas olvidar.

Lo mismo sucede con nuestras emociones. No controlamos nuestros pensamientos, emociones o incluso nuestras sensaciones físicas. Mientras más lo intentamos, más recibimos pensamientos y sentimientos no deseados.

Tu falta de control directo sobre tus pensamientos y emociones puede resultar bastante evidente cuando un amigo con buenas intenciones te dice: «No pienses en ello» u «¡Olvídalo!». Probablemente te sea dolorosamente obvio lo difícil que es seguir esas recomendaciones. Incluso podría enojarte pensar que tu amigo «no entiende». Aun así, quizá trates de usar esa estrategia sin darte cuenta de que estás usando el mismo inútil método y después te decepcionas y te frustras contigo mismo cuando vuelve a fallar. ¡Si no funciona cuando tu amigo te dice «relájate», probablemente no va a funcionar cuando te lo digas a ti mismo!

¿Qué podemos controlar en realidad?

La gente suele asumir que el control se mide según lo que piensa o siente. Cree que tener pensamientos extraños, ilógicos o emociones desagradables o exageradas significa que «están fuera de control». No le gusta esa idea, así que trata de controlar sus pensamientos y sentimientos, pero es como si intentara agarrar a un puerco aceitado en una pista de hielo. Mientras más trates de controlar tus pensamientos y emociones, más sentirás que están fuera de control.

El control es sobre *lo que hacemos*, no sobre lo que pensamos y sentimos. Por eso nuestras leyes describen un comportamiento esperado y restringido. La sociedad espera que las personas controlen lo que hacen; cómo manejan, cómo tratan a los demás, cómo esperan su turno en una fila, etc. Nuestras leyes y normas sociales no se basan en lo que las personas piensan o sienten, porque nadie puede controlar eso. El control es sobre lo que hacemos.

Aun así, es parte de la condición humana asumir que podemos, o deberíamos poder, controlar nuestros pensamientos y emociones. Definitivamente hay momentos en los que quisiéramos hacerlo. Nuestro instinto intuitivo sobre la preocupación es «deja de pensar en eso», pero eso resulta contraproducente, porque la preocupación es un problema contradictorio. Tendrías mejores resultados con una solución contradictoria para este problema contradictorio.

Pensar: es sólo lo que hace el cerebro

Tu cerebro es un órgano y, al igual que los demás órganos, como el estómago, los riñones y el hígado, tiene una tarea que cumplir. Tu estómago digiere comida. Tus riñones remueven los desechos del flujo sanguíneo y producen orina. Tu cerebro, entre otras cosas, identifica problemas y genera soluciones. De hecho, la mayor parte del trabajo que hacen nuestros cerebros (mantener el equilibrio, supervisar el trabajo de los otros órganos y glándulas, identificar emergencias, entre otras cosas) sucede sin nuestro conocimiento. La actividad de nuestro cerebro que llama nuestra atención, el trabajo de pensar, calcular y hablar, es en realidad una porción muy pequeña de la actividad que se lleva a cabo en la corteza cerebral.

Un antiguo proverbio señala: «La mente es un sirviente maravilloso, pero un amo terrible». El cerebro es una herramienta útil, podemos dirigir nuestra atención y pensamientos para diseñar puentes, hacer que desciendan cohetes en un asteroide y calcular nuestros impuestos. Sin embargo, al dejarlo sin mucho qué hacer, el cerebro probablemente haga alguna travesura al intentar generar pensamientos por su cuenta.

Si pasas demasiado tiempo sin comer, tu estómago empezará a hacer su función digestiva sin comida, sentirás un malestar en la región abdominal y lo escucharás hacer ruidos incómodos, entre otras cosas; el estómago intenta cumplir con su propósito aun sin tener los ingredientes necesarios. Lo mismo sucede con tu cerebro, si no tiene suficientes problemas para resolver, creará algunos y tratará de solucionarlos.

Eso es la preocupación crónica, cuando tu cerebro crea problemas e intenta solucionarlos y tú tomas esos pensamientos tan seriamente como si fueran los cálculos que haces para pagar tus impuestos.

Quizá te hayas dado cuenta de que experimentas más preocupación cuando no estás tan ocupado y que cuando estás muy ocupado con actividades y problemas que necesitan una solución no te preocupas tanto. Tal vez hayas tratado de «mantenerte ocupado» para evitar preocuparte, ésta es la razón: la preocupación es una actividad de tiempo libre. Se expande, o se contrae, para llenar el tiempo que tienes disponible porque no es tan importante como el resto de tus actividades. Toma las sobras. Tu cerebro está actuando como un cachorro aburrido que muerde la alfombra porque no tiene nada mejor que hacer.

Podemos entrenar a ese cachorro para que no vuelva a morder los sillones, especialmente si le ofrecemos otras cosas para morder. Sin embargo, no podemos entrenar a nuestro cerebro para que no piense en problemas (porque ése es el propósito principal del cerebro), de la misma manera que no podemos entrenar a nuestro estómago para que no haga ruido cuando tenemos hambre.

Más bien, debemos cambiar la forma en que nos relacionamos con nuestras preocupaciones. Es mejor aceptar y trabajar con el hecho de que estamos experimentando pensamientos preocupantes, en vez de oponernos a ellos. También nos irá mejor cuando reconozcamos que los pensamientos preocupantes son una señal de nerviosismo y ansiedad, igual que un tic nervioso en el ojo o las manos sudorosas, y no un mensaje importante sobre el futuro.

Las reglas de la vida

Regularmente doy cursos para terapeutas profesionales sobre el tratamiento de los trastornos de ansiedad, y casi siempre me gusta introducir el curso con una versión expandida y embellecida de la metáfora del polígrafo, comúnmente usada en la terapia de aceptación y compromiso.[2] Antes de saludar o de presentarme, antes de decir cualquier cosa, les cuento esta historia:

Un hombre entra en mi consultorio, un hombre que sé que es honesto, que dice lo que piensa y hace lo que dice. Al entrar en mi consultorio, veo que el hombre tiene una pistola y dice:

—¡Dave, quiero que muevas todos tus muebles de tu consultorio a tu sala de espera…, o te voy a disparar!

«Entonces —le pregunto al público y ahora a ti, lector—, como estudiantes del comportamiento humano, ¿cuál es el resultado que predices en esta situación?».

Alguien en el público gritará: «¡Vas a mover los muebles!».

Y es cierto, moveré los muebles, eso es lo que puedo hacer, moveré los muebles y viviré.

Pasa una semana y el mismo hombre regresa, con la misma pistola, y dice:

—Dave, ahora quiero que cantes el himno nacional. Con el primer verso es suficiente. Canta el himno nacional o te dispararé.

¿Cuál es el comportamiento que puede predecirse en este escenario?

Canto la canción, eso es lo que puedo hacer, y sobreviviré.

Pasa una semana más y el hombre regresa, pero esta vez con un colega. El colega entra con una mesita con ruedas atiborrada de material electrónico. Esta vez el hombre dice:

—Dave, él es mi socio y tiene un detector de mentiras. El mejor aparato electrónico en el mundo para detectar las emociones humanas, es prácticamente infalible. Le pediré a mi socio que te conecte al polígrafo. Sólo quiero que te relajes…, o te disparo.

¿Cuál es el resultado predecible aquí?

¡Nada bueno! ¡Nada bueno sucederá en este escenario!

Eso me permite llegar al punto de la historia. Específicamente, que esta situación la atraviesan alrededor de 40 millones de estadounidenses que padecen un trastorno de ansiedad crónica. Se despiertan día tras día, preocupados por sentirse ansiosos, se esfuerzan al máximo para no sentir ansiedad y, como resultado de ese esfuerzo, reciben aún más ansiedad; poco a poco cavan un pozo más profundo por tantos esfuerzos para resistir a la ansiedad. Para ayudar a las personas a sobreponerse a un trastorno de ansiedad, los terapeutas tienen que ayudarlas a descubrir este aspecto del problema con el fin de que aprendan a manejarlo de manera diferente.

Y si tienes problemas con la preocupación crónica, lo mismo puede decirse de tus esfuerzos para sobreponerte a ese problema.

¿Qué hace tan obvio que pueda mover los muebles y cantar el himno nacional para salvar mi vida, pero que no pueda relajarme para salvar mi vida?

Desde la perspectiva de la terapia de aceptación y compromiso (ACT, por sus siglas en inglés), la respuesta está en dos reglas importantes que gobiernan nuestra vida.[3] La ACT es un tipo de terapia que, más o menos, pertenece a la escuela de la terapia cognitivo conductual (TCC), pero tiene ideas muy diferentes a las tradicionales de la TCC, en especial respecto a los esfuerzos para controlar nuestros pensamientos, emociones y sensaciones físicas.

La primera regla gobierna nuestras interacciones con el mundo exterior, el ambiente físico en el que vivimos. En el mundo exterior, la regla es algo así: mientras más te esfuerces y más batalles, es más probable que consigas lo que quieres. Nada está garantizado, pero puedes mejorar tus probabilidades de conseguir algo si haces todos los esfuerzos posibles. Esa regla gobierna nuestras interacciones con el mundo exterior.

Pero no es la única regla con la que vivimos. Hay una segunda regla, relacionada con nuestro mundo interior de pensamientos, emociones y sensaciones físicas. En este mundo la regla es muy diferente: mientras más te opongas a tus pensamientos, emociones y sensaciones físicas, más presentes estarán.

La regla que gobierna tu mundo interior de pensamientos, emociones y sensaciones físicas es lo opuesto a la regla que gobierna el mundo exterior. Que Dios te ayude si no recibiste esa circular sobre la segunda regla y todo el tiempo intentas manejar tus pensamientos, emociones y sensaciones físicas de la misma manera que lidias con el mundo exterior. Esto te llevará a recurrir a soluciones destinadas a fallar y te llenará de pesar y frustración una y otra vez.

Si eres alguien con problemas de preocupación crónica y notas que la paz y la tranquilidad que tanto buscas siguen eludiéndote, entonces es probable que te ayude emplear la segunda regla.

Sin embargo, nuestro instinto nos lleva a tratar todo de la misma manera, como oponernos a algo que no queremos, sin importar lo que sea. Consideremos ahora un método alternativo para este instinto: la regla de los opuestos.

La regla de los opuestos

Esta regla aplica a muchos de los síntomas de la ansiedad. Aplicarlo a la preocupación crónica significa algo así:

Mi instinto de respuesta ante la indeseada preocupación crónica está completamente equivocado. Por lo común me va mejor cuando hago lo opuesto a mi instinto.

¿Cómo es posible? Recordemos la trampa de la preocupación del capítulo 1: experimentas duda y la tratas como peligro.

La trampa es una influencia poderosa. Te será de gran ayuda entender qué le da tanto poder.

¿Cómo podemos protegernos contra el peligro?

¿Qué es bueno contra el peligro? Tres cosas: luchar, escapar y congelarse. Si algo se ve más débil que yo, entonces lucharé. Si se ve más fuerte, pero más lento, entonces escaparé. Y si se ve más fuerte y rápido que yo, entonces me congelaré y esperaré que no me vea. Eso es todo lo que podemos hacer contra el peligro.

Los métodos de luchar/escapar/congelarse involucran oponerse a la preocupación, es un esfuerzo para dejar de preocuparse; enojarte contigo mismo porque te preocupas; batallar para distraerte y dejar de pensar en eso; buscar seguridad en un amigo o en internet constantemente en un esfuerzo para dejar de preocuparte; frenar tus pensamientos; depender de drogas y alcohol; llevar a cabo rituales supersticiosos, y todas las demás formas con las que «luchas para relajarte».

La duda, sin embargo, no es peligro, sólo representa incomodidad. ¿Y qué es bueno para la incomodidad? Un millón de variaciones de «relájate y déjalo pasar». Claire Weekes, una médica australiana cuyos libros sobre la ansiedad siguen siendo útiles y populares 50 años después, recomendaba que las personas «flotaran» a través de su ansiedad.[4] La gente casi siempre entiende mal lo que ella quiso decir con «flotar». En lo personal creo que se refiere a lo opuesto a nadar; es decir, no hacer esfuerzo, simplemente dejar que el ambiente te sostenga y seguir con tu vida.

Al enfrentar el peligro podemos luchar, escapar o congelarnos. Ante la incomodidad lo que debemos hacer es relajarnos y dejarla pasar. Lo que es bueno para el peligro es lo opuesto de lo que es bueno para la incomodidad. Así que, si te engañas para tratarla como peligro, naturalmente empeorará.

Cuando tratas la preocupación como si fuera un peligro que debes detener o evitar, es como si intentaras apagar un incendio con gasolina. Tu instinto es prácticamente lo opuesto a lo que te puede ayudar. Esto es lo que le otorga poder a la trampa de la preocupación.

Es como si tu brújula fallara por 180° y señalara el norte cuando apunta al sur. Si tienes una brújula que se equivoca 180°, aún puedes encontrar tu camino a casa, siempre y cuando recuerdes que señala hacia el lugar equivocado y necesitas hacer lo opuesto de lo que te sugiere.

Tu instinto de cómo lidiar con la preocupación seguramente ha tomado el contenido con seriedad, enfrentándolo e intentando evitarlo. Eso es lo que vimos en el capítulo 3. Cuando tomas una preocupación como señal de peligro, naturalmente la tratas de esa manera.

Necesitamos algo muy diferente para la incomodidad y las dudas que genera la preocupación. Eso nos permitiría reconocer las dudas e incertidumbres que nos ocurren y, al mismo tiempo, le permitiría al cerebro, siempre vigilante, imaginar futuros peligros de manera distinta. Nos permitiría distinguir entre los pensamientos que ocurren en nuestro cerebro (nuestro mundo interior) y los eventos que ocurren (o no) en el mundo exterior. Entender que no controlamos nuestros pensamientos y éstos no siempre son la mejor guía de lo que está pasando o de lo que pasará en el mundo exterior nos permitiría vivir de manera más cómoda con la realidad.

La regla de los opuestos puede ser una guía poderosa hacia la búsqueda de una forma más adaptativa de responder ante la preocupación. Regresaremos a esto cuando abordemos los diferentes métodos que puedes usar para responder a la preocupación.

Piénsalo

En este capítulo revisamos la naturaleza de la preocupación y descubrimos que se trata de un problema contradictorio, que puede ser resuelto mejor con una respuesta contradictoria. Este aspecto de la preocupación está firmemente incrustado en la regla de los opuestos, que sugiere que los instintos de una persona para lidiar con ella están equivocados, muy equivocados, y es mejor que hagamos lo opuesto a lo que sugiere ese instinto, al menos cuando se trata de manejarla. Esta regla será una importante guía al considerar distintas formas de lidiar con la preocupación.

CAPÍTULO 6

Los *mad libs*[1] de la ansiedad: atrapa las preocupaciones antes de que ellas te atrapen a ti

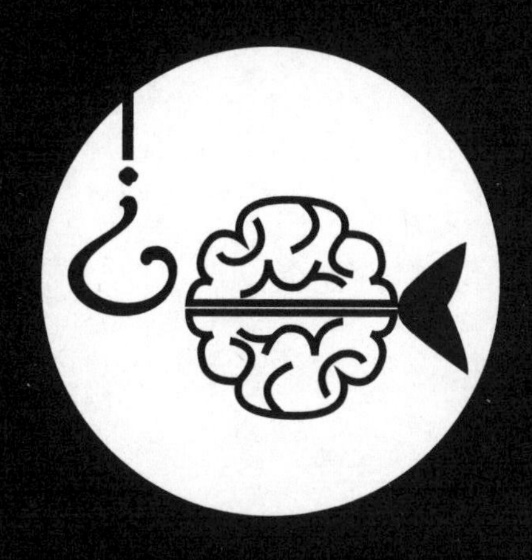

[1] *Mad libs* es un juego popular en los países angloparlantes en el que se crea una historia con la ayuda de los participantes, quienes aportan verbos, adjetivos, nombres propios, números y cualquier palabra o cosa que el libro pida. Al final, la ridiculez de las historias es lo que las hace tan divertidas. *[N. del T.]*

Si experimentas preocupación crónica y tienes problemas para mantenerla bajo control, aquí hay un aspecto que puedes usar a tu favor. Casi todas tus preocupaciones, y realmente quiero decir todas, como 99.9%, se anunciarán antes de entrar en tu mente. Es como si estuvieran ondeando una enorme bandera para asegurarse de que te enteres que han llegado. Las preocupaciones crónicas suelen iniciar con dos palabras particulares, las dos palabras más desgastadas del vocabulario de un preocupón.

Es probable que sepas esto. ¿Cuáles son las dos palabras?

Piensa en las últimas veces que tuviste problemas con un pensamiento preocupante. ¿Cuáles fueron las primeras palabras de ese pensamiento?

¿Cuáles son las dos palabras más usadas por los preocupones?

Estuviste en lo correcto si tu respuesta fue: «¿Y si...?».

Ahora te diré que esto es una ventaja, porque estas dos palabras pueden servir como señal de que estás siendo atraído hacia una preocupación, una señal tan inequívoca como un disparo que anuncia la salida de una carrera o como la sirena de una ambulancia que significa que debes apartarte del camino.

¡Tal vez no creerás que eso sea una ventaja! Quizás estás tan acostumbrado a tratar de reprimir e ignorar tus pensamientos preocupantes que cualquier cosa que sea un indicador de ellos te parecerá inútil. Apenas logras mantener alejada la ola de preocupaciones indeseadas, y es mejor mantener lejos de tu conciencia todo aquello que haga referencia a ésta.

Sin embargo, como vimos en el capítulo 3, las técnicas «antipreocupación» suelen hacer que las preocupaciones crónicas se vuelvan aún más crónicas y más severas. Técnicas como ésas pueden parecer soluciones útiles, pero en realidad son lobos escondidos debajo de la piel de un cordero. ¡Así que sé paciente! Haz a un lado el escepticismo desde este momento, al menos hasta que hayas digerido este capítulo.

Las palabras «y si» son una señal muy útil. Sin embargo, si eres como la mayoría de los preocupones crónicos quizá ni siquiera las notes, e incluso subestimarás la cantidad de veces que esta frase aparece en tus pensamientos y conversaciones.

«Y si» probablemente se escabulle alrededor de tu atención de la misma manera que un carterista. Es más probable que notes, y reacciones, a la frase que llega *después* del «y si». De ahí llega la preocupación crónica que tanto te molesta. «Y si» es la carnada que te hace morder algo que sólo te causará un malestar estomacal.

No puedes cambiar tu relación con la preocupación si te toma por sorpresa. Así que probablemente será de mucha ayuda que pongas aún más atención a las palabras «y si» y las tomes por lo que significan. Eso preparará el escenario para que empieces a entrenarte para responder de una manera diferente a la preocupación y a desarrollar una forma de relacionarte con ella. Si esto suena a lo opuesto de lo que has estado intentando, bueno, ¡pues ésa es la razón por la que tenemos la regla de los opuestos!

Empecemos este ejercicio haciendo un diagrama de la típica frase preocupante. Ya no es parte del plan de estudios de educación básica, pero cuando yo iba a la primaria aprendíamos gramática haciendo diagramas de las oraciones. Así que haremos algo similar aquí.

Diagrama de la oración preocupante

Ésta es la verdadera estructura de la gran mayoría de las preocupaciones crónicas. Se compone de dos cláusulas:

¿Y si ____?

(Inserta la catástrofe aquí)

Empieza con la cláusula «¿y si?» y es seguida por la *cláusula de la catástrofe*.

Detengámonos en la cláusula «¿y si?» por un momento. ¿Qué significa la cláusula «¿y si»? en esta situación? ¿Qué tratamos de expresar cuando decimos «¿y si??» ¿Qué significado le añade a la oración?

Tal vez no estés muy seguro de entender lo que quiero decir aquí, así que permíteme explicarlo. Piensa en las situaciones en las que normalmente tienes pensamientos con «y si». Si un perro me muerde, ¿qué tan probable es que diga o piense: «¿y si un perro me muerde?»? No es muy probable, ¿verdad? Simplemente diré «¡Auch!».

Si un perro se acerca y gruñe con los pelos erizados y enseñando los dientes, y parece que está a punto de atacar, ¿qué tan probable es que piense: «¿y si el perro me muerde?»? Sigue sin ser muy probable, ¿verdad? Es más probable que busque al dueño del perro, una rama que pueda usar para defenderme, una reja que pueda brincar o un árbol al cual trepar. Me enfocaré en protegerme de cualquier manera que pueda.

Entonces, ¿cuándo es probable que diga (o piense) «¿y si un perro me muerde?»? ¿Qué crees?

La respuesta es: cuando no me está mordiendo ni está a punto de morderme. No diría esto mientras un perro envuelve mi pierna con sus dientes, no lo diría cuando un perro está frente a mí, preparándose para atacar. ¡Estaría demasiado ocupado tratando de protegerme para pensar en cualquier cosa! Digo o pienso: «¿y si un perro me muerde?» cuando *no* estoy siendo amenazado por un perro. Lo pienso o lo digo cuando mi corteza cerebral tiene el escenario para ella sola y mi amígdala está en reposo tras bambalinas. Por ejemplo, si tuviera fobia a los perros, quizá tenga este pensamiento en el momento en el que me preparo para salir de la casa y camino unas cuantas cuadras hacia el metro. Pero si un perro me ataca mientras camino, mi amígdala tomará el control de la situación, silenciará el parloteo de mi corteza y me llenará de la energía y urgencia que necesito para protegerme. ¡Esa conversación con el comité de ancianos tendrá que esperar para cuando no me persiga un perro!

¡El ataque de un perro no causa preocupación, sino defensa propia!

Entonces, ¿qué significado le da la cláusula «y si» a una oración?

Significa «finjamos».

¿Funciona eso para ti? ¿Logra describir el significado de «y si» cuando aparece en tus oraciones? «Aquí hay algo que no está sucediendo ahora en el mundo exterior, pero finjamos que sí».

De hecho, es un poco más específico que eso. Cuándo fue la última vez que pensaste: «¿Y si mañana despierto sintiéndome muy bien conmigo mismo y con mi lugar en el mundo, con el corazón lleno de amor para todos y sabiendo que estos sentimientos durarán por el resto de mi vida?».

Hace mucho, ¿verdad? ¡Quizá nunca! Las personas no suelen usar el «y si» para cosas buenas. Se trata de las cosas negativas, terribles y espantosas que podrían suceder en el futuro.

Entonces «y si» realmente significa «finjamos algo malo».

Sin embargo, tal vez lo que estés pensando realmente signifique: «esto podría pasar» o «es probable que...». Quizá creas que ésta podría ser una señal importante de que es posible algo malo. En este caso, tengo otra pregunta para ti.

¿Qué cosas son clara e irrefutablemente imposibles?

Tómate el tiempo que necesites, pero no creo que puedas enlistar demasiadas. Nada es imposible cuando lo pensamos por mucho tiempo. Ésa es una de las diferencias entre nuestro mundo interior y el exterior. En el mundo exterior hay reglas que rigen la realidad; en nuestra mente no hay reglas. Podemos imaginar lo que sea, sin importar lo improbable o ridículo que suene y, la mayoría de las veces, somos incapaces de *demostrar* su imposibilidad.

Lo anterior no te da una idea clara de cómo vivir. Y nuestros pensamientos «y si» no abarcan todas las cosas que parecen posibles, sólo las malas. Así es como mi esposa y yo terminamos tan preocupados por la ictericia de mi hijo, como expliqué en el capítulo 1.

¿Qué va en la cláusula de la catástrofe? Lo que sea que te preocupe más ese día, semana, mes o año. Es un espacio en blanco para rellenarlo como quieras, y si te encuentras más preocupado por tu trabajo, tu salud, tu esposo, tu boiler, eso es lo que aparecerá aquí.

Así que esto es lo que tenemos:

Finjamos que ____.

(Alguna catástrofe)

La parte «y si» de la preocupación crónica se trata de fingir. Cuando la preocupación crónica te lleva a pretender que algo es verdad, no importa qué tan importante o insignificante sea el contenido. ¡Fingir es como multiplicar por cero! No importa qué tan grande sea el número, cuando lo multiplicas por cero, terminas con nada.

Preocuparse por el «y si» es como un juego

¿Conoces el juego *mad libs*? Es un juego de fiestas que se puso de moda en la década de 1960. Era un libro lleno de historias muy cortas en el que faltaban palabras. Reunías a un montón de tus amigos y les pedías que te dieran las palabras necesarias para completar una historia, sin dejar que las vieran. Les decías: «dame un adverbio, un color, un número, un nombre propio» y así sucesivamente. Escribías esas palabras donde lo indicara la historia y la leías completa para tu público. Entonces ellos se reían, sobre todo si había mucha cerveza en la fiesta. Así es como solíamos divertirnos antes de internet.

La cláusula «y si», esta declaración de la preocupación crónica, es el *mad libs* de la ansiedad. Es igual de arbitraria y fortuita. Escribe una catástrofe aquí, la que quieras, no importa la que elijas. Tienes tus elecciones usuales, tus preocupaciones «favoritas», ¡pero cualquiera que elijas queda a la perfección! Todas encajan porque delante de ellas dice «finjamos».

El problema es que después de un rato se te olvida que estás fingiendo.

Si eres como la mayoría de las personas que sufren de preocupación crónica, con el tiempo te habrás acostumbrado tanto a estos pensamientos que dejarás de notar esa parte. Probablemente ya ni siquiera notes la cláusula «y si» después de tanto tiempo de usarla. La única parte que notas conscientemente es la virulenta y exagerada cláusula de la catástrofe.

Cuando no notas la cláusula «y si» tienes un tamborileo constante de ideas en la mente que indican un desastre. ¡No notas la parte que te dice que estás fingiendo! Con razón las personas se sienten tan ansiosas y deprimidas como respuesta a la preocupación. Es como un canal de televisión dedicado exclusivamente a las malas noticias que tiene conexión directa con tu mente.

Cuando no notas la cláusula «y si», este tamborileo de ideas suena más o menos así:

- ¿Y si… ME DA CÁNCER?
- ¿Y si… MI ESPOSO ME DEJA?
- ¿Y si… ME DA UN ATAQUE DE PÁNICO EN MI PRESENTACIÓN?
- ¿Y si… ME PONGO TAN NERVIOSO QUE CREEN QUE SOY UN TERRORISTA?
- ¿Y si… ME ENOJO MUCHÍSIMO EN EL RESTAURANTE MIENTRAS DESAYUNAMOS?

El efecto de la preocupación se fortalece aún más debido a que ocurre mientras estás haciendo más de una cosa a la vez. Aunque notarás la parte «y si», no tendrás la oportunidad de prestarle toda tu atención y resolverlo. Estás demasiado ocupado leyendo tus mensajes de texto, al tiempo que desayunas y revisas tu agenda. Este pensamiento tiene mucho poder subliminal. No nos detenemos para darnos cuenta de que estamos experimentando este pensamiento en particular y debemos responder a él como lo que es, un simple pensamiento. En vez de eso, nos saltamos las partes del «y si», nos enfocamos en la cláusula de la catástrofe y absorbemos el mensaje como si fuera cierto.

Éste es uno de los obstáculos a los que te enfrentas al lidiar con el problema de la preocupación. Como sociedad valoramos el pensamiento y solemos creer que es una de las características que nos diferencian de los animales, uno de los hitos de la evolución desarrollada a lo largo de miles de millones de años. Valoramos el pensamiento y la mayoría de nosotros somos lo suficientemente vanidosos para ponerle un valor muy alto. Creemos que el pensamiento es bueno, poderoso e importante, y creemos que *mis pensamientos* son especialmente buenos, poderosos e importantes. Sin duda actuamos así cuando respondemos a la preocupación. Si no le diéramos importancia a estos pensamientos, ¡no nos causarían tanto malestar!

Nuestro cerebro es una herramienta maravillosa que nos ayuda a resolver problemas. Más que cualquier otro factor (excepto quizá nuestros pulgares oponibles), es nuestro cerebro el que nos ha permitido convertirnos en el depredador supremo del planeta. Nuestro cerebro ha producido la rueda, el lenguaje, la escritura y los cálculos necesarios para hacer descender una nave espacial en un paracaídas.

Pero el cerebro sigue siendo un órgano dedicado a resolver problemas y sigue buscando problemas para resolver. Especialmente cuando no existe un problema urgente que resolver (como defendernos de un perro a punto de atacar), el cerebro creará alguno sólo para tener algo que hacer. Así que no importa qué tan inteligente seas, una porción de tus pensamientos será ruido sin sentido.

Cómo te atrapa la preocupación

Esta cláusula «y si» es como una muleta roja para los toros, como mencioné en el capítulo 4. Imagina que pudieras tener una conversación de corazón a corazón con un toro, antes de una corrida. Creo que sería algo así:

> Escucha, toro, sé cómo te sientes cada vez que ves una muleta roja. Te hierve la sangre, ¿verdad? Quieres golpear el suelo, resoplar con fuerza, correr a toda velocidad y aplastar a la muleta y también al tipo que la ondea. Pero ¿recuerdas lo que le pasó a tu primo? Corrió hacia la muleta y, mientras la atacaba, unos tipos le clavaron pequeños cuchillos en su costado. Después, otro tipo la sacudió de nuevo y, cuando tu primo lo atacó, el tipo lo acuchilló en la nuca con una espada. ¡Fue un truco! ¡Te atrapan con la muleta roja, amigo! ¡Lo mejor que puedes hacer cuando empiezan a agitar la muleta es recordar que es un truco! ¡Recuéstate y come algunas flores! ¡No te dejes atrapar! ¡No dejes que te engañen!

Sería muy difícil entrenar a un toro para que hiciera eso, pero puedes entrenarte a ti mismo para la trampa del «y si», para reconocerlo y responder de manera diferente. Puedes entrenarte a ti mismo para recordar que todo eso es sólo un montón de tonterías.

El primer paso es mejorar tu habilidad para notar conscientemente la cláusula «y si». Ésta es la parte que dice «finjamos (algo malo)», y cuando no notas esta cláusula, es fácil perder de vista que todo se trata de fingir. En general, la cláusula de la catástrofe que le sigue parece tan molesta y ominosa que es fácil olvidar la parte del «y si», en especial cuando es tan escurridiza.

A continuación te presentaré una forma de volverte más consciente de la cláusula «y si».

Cuenta tus preocupaciones

Compra unas cajitas de Tic Tac, o cualquier menta que venga en cantidades fijas. Por ejemplo, las Tic Tac siempre tienen 60 piezas por envase (excepto en Australia, en donde sólo tienen 50, ¡quién lo diría!), pero cualquier menta o dulce que tenga una cantidad fija por envase podría funcionarte. Mantenlas contigo en todo momento, en tu bolsillo, bolso o portafolios.

Hazte de este hábito. Cada vez que tengas un pensamiento de «y si» (o te escuches diciéndolo en voz alta), toma una menta de la cajita de Tic Tac. Puedes comértela o tirarla a la basura. Lo que decidas hacer está bien, sólo asegúrate de sacar una y después cerrar la cajita.

Puedes usar este método para contar el número de veces que experimentas un pensamiento «y si» durante una semana. Si lo prefieres, puedes usar otro método, como conseguir un contador. A mí me gustan las Tic Tac porque es más probable que interrumpan tus pensamientos normales. Además, si te sientes cohibido por contabilizar tus preocupaciones, ten en cuenta que nadie lo notará, pues sólo se trata de una persona comiendo una menta, ¡algo completamente normal!

La práctica lo vuelve permanente. Haz esto durante varias semanas y pronto crearás un cambio permanente en tu capacidad para notar tus pensamientos «y si». Dejarán de ser subliminales y de meterse en tu mente, así como un carterista te roba sin que te des cuenta. Ahora estarás cada vez más consciente del hábito y empezará a perder algo de su poder para engañarte.

La mayoría de las personas reconocen con rapidez el protagonismo de las palabras «y si». En ocasiones conozco a alguien que descubre que usa alguna variación de esta frase, como «supongo que», «es posible que» o alguna otra cláusula que contiene la misma invitación a imaginar cosas malas que pueden suceder en el futuro. Si descubres que tu carnada de preocupación llega usando palabras diferentes, puedes usar una Tic Tac para notarlas.

Una cosa más antes de que comiences. Al empezar a usar las Tic Tac, es posible que te moleste la cantidad de veces que usas las palabras «y si». Quizá te sientas agobiado al darte cuenta de las veces que estos pensamientos aparecen en tu mente. Tal vez hasta desearías nunca haberte dado cuenta de lo mucho que piensas así.

No te dejes engañar. Éstas son buenas noticias, intenta darte cuenta de todos esos «y si», aunque al principio te sientas consternado y desanimado. Son buenas noticias porque has estado teniendo esos pensamientos durante largo tiempo, mucho antes de que empezaras a leer este libro, la única diferencia es que ahora los estás notando. Ésas son las buenas noticias, porque poder notarlos es una habilidad nueva que te ayudará.

Lleva la cuenta de tus pensamientos «y si» durante varias semanas para que te ayude a adquirir realmente este hábito de observar de manera pasiva tus «y si».

¿Cómo se compara esta estrategia de ser más consciente de tus pensamientos «y si» con lo que haces normalmente?

Estoy casi seguro de que es lo *opuesto* a lo que estás acostumbrado a hacer. Eso te puede parecer extraño e incómodo; sin embargo, en realidad es una buena señal de que tus esfuerzos por cambiar tu relación con la preocupación crónica van por el camino correcto.

Recuerda la regla de los opuestos: «Mi instinto de cómo responder a la preocupación crónica suele estar equivocado, y me irá mejor si hago lo opuesto». (Si no lo recuerdas, puedes revisarlo en el capítulo 5).

Si sigues respondiendo de la misma manera, puedes esperar los mismos resultados. Tenemos que buscar resultados diferentes, y eso requerirá acciones diferentes, incluso opuestas.

Podemos ver en acción la regla de los opuestos cuando notamos que muchas personas se esfuerzan muchísimo para distraerse de sus pensamientos preocupantes. Si eso realmente funcionara, no estarías leyendo este libro, pues ya habrías eliminado y desterrado tus preocupaciones no deseadas.

No funciona de esa manera. Es lo opuesto. Mientras más intentas sacar pensamientos de tu mente, más regresarán, como borrachos no deseados en una fiesta.

Eso no significa que el esfuerzo que haces por distraerte sea en vano. Puede señalarte información importante. Considera esta pregunta: cuando intentas distraerte de un problema, ¿qué te dice eso del problema?

Piensa en eso durante un minuto, ¿de qué tipo de problemas intentas distraerte?

Imagina que estás haciendo fila en un banco cuando entran a robarlo y escuchas disparos. ¿Qué tan probable es que saques tu chequera y la revises para tratar de distraerte de los balazos?

¡No es nada probable! Estarías demasiado ocupado intentando esconderte de los disparos o buscando una salida. Estarías tratando de protegerte, no de distraerte.

¿Cuándo buscamos distraernos de pensamientos molestos y preocupantes? Cuando no nos estamos enfrentando a un peligro presente y claro. Cuando no nos estamos jugando nada; y el parloteo de nuestra corteza cerebral, en vez de la defensa propia de la amígdala, ha tomado el control.

Así que cuando sientas la necesidad de distraerte, éste puede ser un poderoso recordatorio de que caíste en el juego. No hay un peligro latente y eso te motiva a distraerte. Si realmente *estuvieras* viendo el cañón de la pistola, ¡ni siquiera pensarías en distraerte!

La pregunta «¿por qué?»

La pregunta «¿por qué?» es el carterista que se roba tu paz mental y lo hace tan sigilosamente que ni siquiera te das cuenta de lo que está pasando.

La mayoría de los carteristas tiene un cómplice, alguien que distrae la atención de la posible víctima suele hacerlo chocando con personas o hasta gritando «¡cuidado con el carterista!» en el atascado vagón del metro. Cuando empuja a la gente o se escucha una advertencia sobre carteristas, los pasajeros suelen revisar sus carteras para asegurarse de que sigan ahí, pero sólo delatan su posición. Los carteristas entienden la regla de los opuestos.

La pregunta «¿por qué?» es el cómplice del carterista.

Cuando piensas que deberías ser tú quien controle a tu cerebro y te das cuenta de que éste está produciendo pensamientos irreales y preocupantes, es probable que respondas con preguntas relacionadas con «¿por qué?», como «¿por qué me preocupo tanto?».

Las personas suelen experimentar las preguntas «¿por qué?» como si fueran retóricas, pues no esperan una respuesta. Más bien es una protesta, una pregunta que busca a un culpable, un reclamo furioso para que una autoridad suprema corrija esta injusticia. No se trata de una pregunta, sino de una queja. Desafortunadamente es una queja que no va dirigida a un departamento de quejas. Esta pregunta hace que las personas se sientan más débiles y pesimistas sobre su futuro, pues sugiere que la solución del problema requiere que alguien más, quizás incluso Dios, haga algo. Mientras tanto, ellos deben esperar y preocuparse.

Cuando te enredas en una preocupación, preguntar «¿por qué?» puede ser como tomar la carnada. Por eso la pregunta «¿por qué?» implica un tipo de resistencia a la preocupación, en lugar de que sea verdadera. Y la resistencia a la preocupación inevitablemente alimenta la llama de ésta en vez de extinguirla. Esta resistencia es el equivalente a pisar el freno cuando tu coche se desliza por un camino congelado. ¡Eso es lo último que necesitas! La resistencia es intuitiva y también es contraproducente. Lo que necesitamos es una respuesta contradictoria y productiva.

La gente suele pensar que la pregunta «¿por qué?» es el problema clave. ¿Por qué tengo estos pensamientos? ¿Por qué yo? ¿Por qué aquí? ¿Por qué ahora?

Mejores preguntas

La verdad es que «¿por qué?» es la pregunta menos útil sobre la preocupación. Esta pregunta es sólo otra manera de sentirte ansioso y quizá no puedas dejarla pasar y olvidarla, pero no tienes que involucrarte ni tomarla con seriedad. Sería más útil evitar la pregunta, darte cuenta cuando la estés haciendo y hacerte preguntas más útiles, como «¿qué?» y «¿cómo?».

¿Qué estoy experimentando en este momento? Bueno, pues estoy planteando pensamientos preocupantes.

¿Cómo puedo responder a ellos? Cubriré esto con los pasos del capítulo 9.

Piénsalo

Este capítulo estuvo dedicado a atraer tu atención hacia dos tipos de pensamientos preocupantes, «¿y si?» y «¿por qué?», que consistentemente te engañan y dirigen tu vida hacia la preocupación crónica; también se sugirieron maneras para desarmarlos. Volverte más consciente de esos pensamientos mientras suceden es un gran paso para aprender a ignorar la «carnada» que generalmente hace que sea más persistente la preocupación en las personas.

CAPÍTULO 7

Pensando en los pensamientos

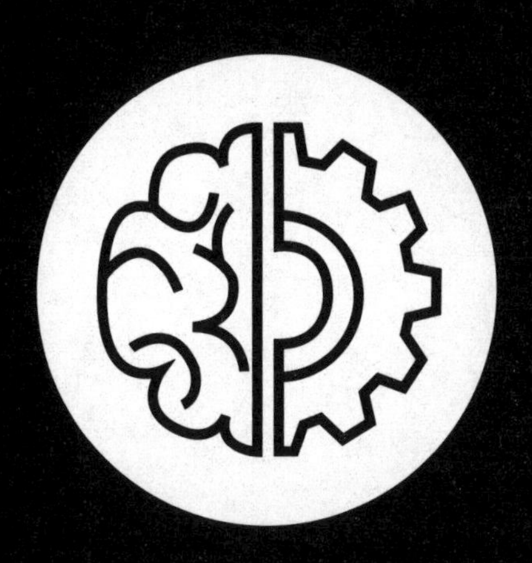

Es complicado pensar en la preocupación porque es un pensamiento. Las cosas se vuelven complicadas cuando pensamos en nuestros pensamientos, y ni se diga cuando tratamos de cambiarlos. Este capítulo abordará las dificultades que pueden surgir cuando las personas intentan cambiar sus pensamientos y cómo lidiar con esas dificultades.

Terapia cognitivo conductual para la ansiedad

La introducción de la terapia cognitivo conductual a mediados de la década de 1980 fue un avance importante para las personas que padecían ansiedad crónica. Antes de eso había muy pocas opciones para la gente que lidiaba con ella. En ese entonces, por primera vez, se introdujo un método que ofrecía formas prácticas y concretas para reducir este padecimiento.

La TCC fue un cambio radical en las escuelas de terapia previas y combinaba un enfoque cognitivo (pensamiento) con uno conductual. Del lado cognitivo decía que los pensamientos equivocados y exagerados estaban involucrados en producir y mantener la ansiedad, y les daban una oportunidad a los pacientes para identificar y cambiar esos pensamientos. La herramienta primordial que ofrecía era la reestructuración cognitiva, lo cual requería identificar varios «errores de pensamiento» y después revisar y corregir esos pensamientos.

Identificar los pensamientos preocupantes

Por ejemplo, si una persona se preocupaba demasiado por el dinero y la seguridad de su trabajo, se le pedía identificar sus pensamientos preocupantes clave sobre el tema. Estos pensamientos podrían ser oraciones como:

- Seguramente me despedirán.
- Si pierdo este trabajo estaré en la ruina.
- Soy demasiado viejo para conseguir otro trabajo.
- Nunca podré mantenerme a mí mismo ni a mi familia.
- Mi esposa me dejará y tendré que vivir en mi coche.

Ya que se cree que las emociones se forman a partir de los pensamientos y creencias sobre el tema, el hombre de este ejemplo sería forjado por esos pensamientos sin importar qué tan ciertos o falsos fueran. Si los pensamientos de este hombre sobre el dinero y su trabajo son exagerados o irreales de alguna manera, tendrá una respuesta emocional en su mundo interior desproporcionada con sus verdaderas circunstancias en el mundo exterior.

Un terapeuta de TCC le pediría que evalúe sus pensamientos sobre el tema que tanto le preocupa para ver qué tan reales o irreales son, y que busque los errores característicos en sus pensamientos, como lo describimos en el capítulo 3. Si este hombre encontrara errores en la forma típica en la que piensa sobre su trabajo o el dinero, trabajaría para corregir sus pensamientos, reemplazando los pensamientos irreales con versiones más realistas. Si estos pensamientos nuevos y más precisos sobre la situación resultaran menos negativos y ominosos que sus pensamientos previos, eso cambiaría su respuesta emocional para bien.

Cambiando el comportamiento

Del lado conductual, la TCC sugeriría cambios en el comportamiento del paciente que ayudarían a reducir su ansiedad. Esto incluiría practicar con objetos, lugares y actividades a los cuales la gente teme. Así pues, la gente que le tenga fobia a las serpientes progresaría pasando tiempo con una en vez de evitándolas, y lo mismo se podría hacer con las personas que les tienen miedo a las alturas, a los centros comerciales, a manejar, a volar y a casi cualquier cosa. También pueden usarse métodos de relajación y meditación para disminuir el nivel general de ansiedad, pero la exposición a lo que uno teme se considera el método conductual más efectivo de todos.

Los métodos tradicionales de la TCC han sido de gran ayuda para millones de personas que sufrían ansiedad crónica y preocupación. Sin embargo, existen algunas dificultades cuando intentamos aplicar estos métodos a la preocupación crónica.

Para empezar, los pensamientos típicos de la preocupación expresan incertidumbre sobre alguna posibilidad, y casi siempre inician con un «¿y si?»; por ejemplo, «¿y si pierdo mi trabajo?». Este tipo de preocupación no puede ser evaluada como verdadera o falsa. Es una invitación, como ya lo señalé en el capítulo 6, a «fingir» que algo malo sucederá y a preocuparse por ello. Ya que la mayoría de los eventos hipotéticos, sin importar qué tan probables o improbables sean, en este caso son posibles y no imposibles; esto hace que sea más difícil aplicar las herramientas usuales de la reestructuración cognitiva.

No importa cuánta evidencia puedas reunir para demostrar que perder tu trabajo es improbable, la preocupación crónica siempre puede ganar ese argumento con un simple: «Pero ¿y si pasa?». Esto usualmente hace que las personas traten de «asegurar» que el temido evento no sucederá. Cuando no pueden hacer eso, lo único que logran es prolongar y mantener la preocupación.

En segundo lugar, la invitación para usar reestructuración cognitiva a fin de corregir «errores del pensamiento» puede engañar a las personas para que deseen o crean que pueden amansar o perfeccionar sus pensamientos. Esto conlleva la sugerencia implícita de que podemos hacer tan buen trabajo corrigiendo nuestros pensamientos que podemos eliminar la preocupación disfuncional.

Desde mi punto de vista, esto es un poco drástico, pues es un deseo más engañoso que útil. A lo largo de mi carrera como psicólogo he visto a muchas personas batallar para corregir sus pensamientos, esforzarse por dejar de tener preocupaciones irreales y pensamientos que día a día los llenaban de incomodidad y malestar sólo para sentirse fracasados, pues nunca lograron controlar sus pensamientos.

Tu cerebro no es una computadora

La gente suele pensar erróneamente que su mente es como una computadora. Supongamos que estás utilizando un programa que no funciona de la manera que te gustaría, tal vez tiene una línea de código que convierte todas tus medidas al sistema métrico, mostrando tus cálculos en kilogramos y metros en vez de en libras y yardas. Podrías eliminar esa línea de código para que el programa realice los cálculos en libras y yardas, y el programa actualizado funcione como si así hubiese sido escrito desde el principio. No «recordará» que antes solía hacer los cálculos en kilogramos y metros y tampoco dudará sobre qué sistema utilizar. La computadora no tiene percepción ni conciencia, por lo que no puede tener pensamientos sobre cómo funciona el programa ni sobre cómo lo hacía antes de la corrección. Funciona tal como está escrito en ese momento.

¡Tu cerebro no trabaja así! Tu cerebro almacena los pensamientos como recuerdos. Si bien puedes borrar el sistema métrico de la computadora y cambiarlo por completo, tu cerebro no pierde recuerdos a menos que haya sufrido daño físico. Crea nuevos recuerdos y éstos pueden convertirse en el recuerdo dominante sobre cualquier tema, pero nunca perderás los recuerdos pasados. Quizá te suceda con menos frecuencia, incluso podrás olvidarlos, pero pueden volver a activarse en las condiciones adecuadas.

Además, tienes conciencia de tus pensamientos al mismo tiempo que ocurren en tu corteza cerebral. Esto te permite tener pensamientos sobre tus pensamientos. Las computadoras, al menos hasta el momento (espero que mi procesador de textos no tenga opiniones sobre mi redacción), no tienen esa conciencia, simplemente se dedican a ejecutar instrucciones sin pensar en ellas.

Tener pensamientos sobre tus pensamientos les abre la puerta a la preocupación y a discutir contigo mismo. Tener pensamientos sobre tus pensamientos es lo que hace tan difícil eliminar un «error de pensamiento» de tu mente. Tu esfuerzo por eliminar un pensamiento inevitablemente te recordará el pensamiento que no quieres tener. Esto suele estar tipificado en la clásica instrucción paradójica: «No pienses en un oso polar».[1]

Terapia paradójica para la ansiedad y la preocupación

Una escuela de psicoterapia diferente que apareció más o menos al mismo tiempo que la TCC fue la terapia paradójica. Este método no logró tener el mismo protagonismo que la TCC, pero en mi opinión puede ser una forma más poderosa y directa de lidiar con la ansiedad crónica y la preocupación. La terapia paradójica tiene un enfoque diferente con respecto al problema de corregir tus pensamientos. Deja al pensamiento solo, requiere que tomes acción y que ésta sea paradójica, lo cual resulta difícil de aceptar o rechazar por completo.

Una paradoja es una petición o instrucción que parece lógica, pero que entrega un resultado contradictorio. Una petición paradójica típica puede ser: «¡Sé espontáneo ahora!» o «Escucha con cuidado lo que digo, pero no hagas lo que te digo». Este tipo de instrucciones crean confusión en el receptor y hacen difícil que éste siga haciendo lo que hacía antes de la instrucción. Otro ejemplo de esto es: «actúa natural».

La herramienta principal de la terapia paradójica se llama «prescribir el síntoma». Ésta tiene una cantidad de poder impresionante para ayudar a las personas a sobreponerse a la ansiedad crónica. Aquí hay un ejemplo de esta herramienta. Cuando trabajo con un paciente que tiene problemas para superar la preocupación crónica, le pido que tenga presentes deliberadamente sus preocupaciones mientras platicamos.

Cuando hago esto por primera vez la gente suele tener dos reacciones principales. Primero creen que estoy loco, pero les aclararo ese tema más tarde. Después se dan cuenta de que les cuesta trabajo mantener sus preocupaciones en la mente y se les olvidan constantemente, aunque les haya pedido que le presten más atención que de costumbre.

¿Cómo funciona esto? Mi extraña petición de que se enfoquen en sus pensamientos preocupantes interrumpe y perturba su esfuerzo interior por «dejar de preocuparse», ¡y pone en evidencia que este esfuerzo es un factor principal para mantener la preocupación crónica! Cuando lo interrumpo con mi petición inesperada, la preocupación se vuelve menos persistente.

Los métodos paradójicos son poderosos para trabajar con la ansiedad y la preocupación crónicas porque la ansiedad crónica es una experiencia paradójica. Con esto quiero decir dos cosas:

1. Tus esfuerzos por incrementar la ansiedad la disminuirán.
2. Tus esfuerzos por disminuir la ansiedad la incrementarán.

En un sentido más amplio, todas las terapias mencionadas anteriormente, incluyendo la TCC, tienen un aspecto paradójico porque todas alientan al paciente a experimentar la ansiedad de alguna manera, a que practiquen con ella para reducirla con el paso del tiempo. Por eso se invita a quien tiene fobia a las serpientes a que conviva con ellas, a quien teme volar a que se suba a un avión, a un agorafóbico a que vaya a un centro comercial, etc. Desde mi punto de vista, los elementos de estas terapias que alientan a una persona a que trabaje *con* la ansiedad, en vez de *contra* ella, son los puntos fuertes de dichas terapias. Este elemento paradójico de la ansiedad y de la preocupación explica la aseveración de «mientras más me esfuerzo, peor se ponen las cosas». El elemento paradójico de la ansiedad le da poder a la regla de los opuestos.

La TCC ha sido el tratamiento favorito para combatir la ansiedad durante los últimos 30 años, pero, con el paso del tiempo, sus fortalezas y debilidades han sido más evidentes y han surgido nuevas ideas y modelos de cómo lidiar con los pensamientos ansiosos, como la terapia de aceptación y el compromiso, la terapia metacognitiva, la terapia dialéctica conductual y la terapia narrativa, entre otras.

Estos modelos representan una actitud diferente hacia los pensamientos que la TCC tradicional. Todos estos métodos consideran que los pensamientos son una parte central en la producción de emociones, pero los métodos más recientes adoptan una actitud más escéptica hacia los pensamientos y, en particular, hacia nuestra capacidad para controlarlos.

Desde esta perspectiva, el cerebro produce pensamientos de la misma manera que los riñones producen orina y el hígado produce bilis. Simplemente cumplen con su trabajo. Y como sólo puedes evaluar tus pensamientos con el mismo órgano que los produce, en este caso tu cerebro, no tienes una manera de formar una evaluación independiente de tus pensamientos. Nadie puede. Ésta es la razón por la cual las personas suelen actuar como si sus pensamientos fueran un buen modelo preciso del mundo exterior, aunque no sea así.

Por esta razón solemos apegarnos tanto a nuestros pensamientos, nos enorgullecemos de ellos como de una creación importante y encontramos mayor valor en los nuestros que en los de los demás. Así que tenemos este problema, como lo expresa el comediante de Chicago Emo Philips: «Solía creer que el cerebro era el órgano más maravilloso de mi cuerpo. Después me di cuenta de quién me estaba diciendo esto».[2]

Y tenemos el segundo problema: no siempre es fácil cambiar nuestros pensamientos de manera directa. En la mayoría de los casos, las personas que quieren cambiar sus pensamientos se esfuerzan como si fueran a detenerlos y, como ya aclaramos, esta técnica casi nunca funciona. El resultado más común de la «detención del pensamiento» es la «reanudación del pensamiento».

Si usas la reestructuración cognitiva y encuentras que te ayuda a modificar tus preocupaciones sin que tengas que discutir contigo mismo y sin que las preocupaciones se porten groseras, está bien. ¡Sigue haciéndolo! Pero si descubres que te enredas discutiendo con tus pensamientos al tratar de «corregir» los errores y los pensamientos preocupantes te siguen acechando, entonces la reestructuración cognitiva puede estar empezando a trabajar del mismo modo que funciona la detención del pensamiento para ti. Si ése es tu caso, encontrarás mejores resultados usando las técnicas de aceptación que presentaré en los capítulos 8 a 10, en vez de seguir esforzándote para que funcione la reestructuración cognitiva.

Terapia de aceptación y compromiso

La terapia de aceptación y compromiso (ACT, por sus siglas en inglés) tiene mucho que decir sobre el trabajo con los pensamientos. La ACT identifica al pensamiento y al lenguaje como factores clave de la desdicha humana. Desde esta perspectiva, el pensamiento y el lenguaje son el portafolio en el que guardas tus problemas y te mudas de, digamos, Nueva York a Los Ángeles, pero sigues experimentando los mismos pensamientos y emociones en L.A. que en N.Y.

La ACT identifica la «fusión cognitiva» como un problema principal.[3] ¿Qué es la fusión cognitiva? Es cuando le damos propiedades y características a las palabras y a los pensamientos que en realidad sólo pertenecen a los objetos que describen esas palabras.

¿Qué significa esto? Considera el ejemplo de una niña a la que araña el gato de la familia. Puede ser que la pequeña Susie le tenga miedo al gato por un rato, quizás hasta se vuelva temerosa de los demás gatos y perros del vecindario; quizás huya de la sala cuando aparezca en la televisión un comercial de comida para gatos o hasta se suelte a llorar cuando escuche la palabra «gato». Puede sentir miedo al escuchar la palabra, aunque el gato esté afuera. Susie le ha dado a la palabra «gato» una connotación de arañazos y mordidas que sólo puede pertenecer al animal. En términos de ACT, ha «fusionado» la palabra «gato» con esas propiedades. Como resultado, se ha vuelto temerosa aun en ausencia del gato; el simple hecho de escuchar la palabra, o incluso de pensarla, es suficiente. Susie ha dejado de distinguir entre la palabra «gato» y ver a uno saltar hacia ella con las garras desplegadas.

Cuando sus padres se den cuenta de esto, quizás intenten ayudarla a calmarse usando algún tipo de código para referirse al «gato» cuando ella esté presente. Tal vez usen *pig latin*[2] (¡onay *con el atogay!*) o aludan a él como un plátano en vez de referirse a éste como lo que es. Están tratando de cuidar a Susie y protegerla de un malestar, pero también están fortaleciendo, sin querer, la asociación que Susie ha formado entre el sonido de la palabra «gato» y las propiedades dañinas de su mordida y arañazo, privándola de más oportunidades de que se acostumbre a la palabra.

Desactivando las palabras «peligrosas»

Lo mismo se puede observar en los grupos de apoyo para la ansiedad y el pánico a lo largo de todo el país, muchos de los cuales disuaden o

[2] *Pig latin* es un juego dialéctico en el idioma inglés en el que las sílabas de las palabras cuya primera letra es una consonante son reacomodadas y se agrega la terminación *ay*. A las palabras cuyo inicio es una vocal simplemente se agrega la terminación *ay*. Esta técnica suele ser usada por los padres de familia para hablar de algún tema sin que sus hijos se enteren. *[N. del T.]*

prohíben el uso de ciertas palabras que podrían molestar a sus miembros. Por ejemplo, algunos grupos de apoyo cuyos miembros sufren de ataques de pánico evitan usar la palabra «respirar», pues algunos miembros son sensibles al uso de ella y tendrán problemas para «r...» si alguien usa la palabra con «r». El grupo ha fusionado la palabra «respirar» con las sensaciones de hiperventilación y todos los síntomas que la acompañan. Al igual que como vimos con Susie y sus padres, aquí vemos personas que tratan de ser amables y protectoras, actuando de una manera que los hace sentirse más vulnerables, en vez de menos, hacia la palabra que empieza con «r».

¿Tienes algunas palabras «peligrosas» que prefieras evitar o saltarte cuando las ves impresas, palabras que no quieres decir en voz alta porque te hacen sentir ansioso?

Probablemente las tengas, si lo piensas por algunos minutos. Las personas que sufren ataques de pánico suelen evitar palabras como «desmayo», «hemorragia cerebral», «gritos demenciales» y más. A las personas con ansiedad social no les gustan palabras como «sudor», «temblores» y «sonrojar». La gente con pensamientos intrusivos obsesivos suele evitar las palabras clave de esos pensamientos como «asesinato», «envenenamiento», «acuchillar», «insecticida» y más del mismo estilo. Hasta las personas con una ansiedad básica y normal pueden tener palabras que estén cargadas con un sentimiento «fusionado» con éstas.

¿Quieres hacer un experimento?

Espero que sepas a dónde voy con esto y de qué se trata el experimento.

El experimento es el siguiente: toma una de esas palabras y repítela en voz alta, si tienes la privacidad para hacerlo, 25 veces.

Si la pequeña Susie hiciera eso con la palabra «gato», ésta empezaría a perder sus garras.

Por cierto, si adivinaste cuál iba a ser el experimento, o estuviste cerca, eso es fantástico, ¡te estás acostumbrando a la regla de los opuestos!

La ACT intenta ayudar a las personas a deshacer este tipo de fusiones cognitivas promoviendo la desactivación, o como me gusta llamarlo, «de-fusión», ya que la técnica intenta romper la relación que has establecido entre una palabra o pensamiento y las propiedades reales que hayas asociado con el pensamiento. Por ejemplo, los padres de Susie podrían ayudarla a de-fusionar la palabra «gato» de los arañazos y mordidas haciendo rimas sin sentido con la palabra gato, cantando canciones sobre gatos, haciendo arte sobre gatos, etcétera. Los grupos de apoyo podrían ayudar a sus miembros a de-fusionar la palabra «respirar» haciendo ejercicios divertidos similares que usen y sobreutilicen esa palabra.

La de-fusión puede ser un método poderoso para reducir el malestar que sientes como respuesta a la preocupación crónica. Éste suele acompañar, por ejemplo, a una enfermedad, especialmente cuando se trata de una enfermedad severa. Sin embargo, las personas que tienen problemas con la preocupación crónica pueden experimentar el mismo malestar asociado con alguna enfermedad aunque estén sanos; el simple hecho de pensar en una enfermedad puede ser suficiente. Por esa razón estas personas tienden a evitar programas médicos en la televisión, pues están tratando de evitar cualquier cosa que les recuerde a una enfermedad. Lo único que necesitan es «fusionar» el pensamiento de la enfermedad con el malestar de sentirse enfermo en realidad. La de-fusión es un método con el que puedes reducir en gran medida la cantidad de malestar que experimentas en respuesta a tus pensamientos indeseados.

La ACT también busca ayudar a las personas para que dediquen más tiempo a actuar en el mundo exterior a su alrededor y menos a tratar de reacomodar o cambiar los pensamientos y sentimientos que experimentan en su mundo interior. En este sentido, la ACT tiene un parecido, cuando menos superficial, con la oración de la serenidad.

> Dios, concédeme la serenidad para aceptar las cosas que no puedo cambiar,
> El valor para cambiar las cosas que puedo cambiar,
> Y la sabiduría para conocer la diferencia.

Cuando recibí capacitación sobre la ACT, uno de los principios generales que aprendí es que es más útil ayudar a las personas a examinar cómo influyen sus pensamientos en su comportamiento, que pasar tiempo desafiando la exactitud de esos pensamientos. (Estas caracterizaciones de la ACT y de la TCC son parte de mi propia visión y, aunque creo que son razonablemente certeras, representan la manera como uso estos métodos en vez de cómo los enseñan y usan los expertos de la ACT y TCC).

Esto quizá representa el contraste más agudo entre una reestructuración cognitiva o la TCC tradicional a los pensamientos y un enfoque de ACT. Pondré el ejemplo de un paciente que tiene problemas pensando que es un cobarde. Un terapeuta de TCC probablemente le pedirá a su paciente que defina su concepto de «cobarde» y después comparará su comportamiento con esa definición, tomando nota cada vez que éste se comporte, o no, como tal. De esta manera el terapeuta le ayudaría a su paciente a tener una visión más balanceada y precisa sobre su comportamiento con el objetivo de ayudarlo a lograr más precisión en sus pensamientos.

Por otro lado, un terapeuta ACT no se preocuparía para nada por la exactitud, o falta de ella, de los pensamientos acerca de la cobardía. Es más probable que un terapeuta ACT haga una pregunta como ésta: «Este pensamiento que tienes sobre ser un cobarde ¿se está interponiendo en tu camino hacia algo importante?».

En otras palabras, un terapeuta ACT te ayudará a ver tus pensamientos según la manera en la que influyen en tu comportamiento, en lugar de qué tan certeros o no puedan ser. El objetivo implícito es ayudarte a comportarte en el mundo exterior de manera más acorde con tus propias esperanzas y aspiraciones en la vida, en vez de limitarte a tus pensamientos, sin importar de qué se traten, que nacen en tu mundo interior.

Giros y vueltas: cómo tus pensamientos pueden afectar tu comportamiento

Cuando comenzaba a aprender sobre ACT trabajé con un paciente que constantemente se preocupaba por su plan de retiro. Este hombre no estaba próximo a retirarse y tampoco tenía problemas financieros. De hecho, estaba bastante bien, económicamente hablando. Pero estaba preocupado de manera obsesiva con este pensamiento: «¿Y si mi plan de retiro resulta ser insuficiente cuando me jubile?». Este pensamiento preocupante, y sus constantes esfuerzos para eliminarlo, eran sus compañeros más cercanos y había usado las respuestas antipreocupación que ya vimos en el capítulo 3 sin encontrar ningún beneficio.

Él y yo trabajamos muchísimo con la reestructuración cognitiva. Analizamos sus pensamientos sobre lo terrible que sería el retiro si tuviera menos dinero del esperado. Revisamos las opciones que tendría en ese momento para reducir sus gastos y cómo impactarían esos cambios en su estilo de vida, en su estado de ánimo y en sus pensamientos. Consideramos reducir sus gastos actuales para darle una mayor probabilidad de conseguir un ingreso suficiente al retirarse y qué pensaría y cómo se sentiría con esos cambios. Revisamos sus pensamientos sobre trabajar medio tiempo al retirarse, en caso de que lo considerara necesario y la posibilidad de que su esposa tuviera un papel más importante en la obtención de ingresos. No encontró consuelo y sus preocupaciones no disminuyeron a pesar de estos esfuerzos.

Le hablé sobre los beneficios potenciales que podría obtener al conseguir una revisión profesional de su plan de retiro, sólo para descubrir que ya había hecho eso varias veces. El problema que experimentó con este intento de solución fue que, cuando consultas a un asesor financiero, normalmente quieren que firmes un documento en el cual reconozcas que sus proyecciones están basadas en ciertas suposiciones que pueden o no ser exactas, y en el cual prometes que no los demandarás por los resultados. «¿No son exactas? —preguntó él—. Por eso vine con ustedes, ¡para conseguir una proyección exacta!».

¡No íbamos a ningún lado a ese paso de tortuga! Entonces, un día se me ocurrió que un terapeuta ACT no haría todo ese trabajo, analizando qué tan certeras o falsas podían ser sus preocupaciones sobre el retiro. Recordé la pregunta ACT: «¿ese pensamiento se interpone en tu camino para lograr algo importante?». Así que le hice esa pregunta.

Resulta que *sí* se estaba interponiendo en el camino de algo importante y cuando escuché de qué se trataba, de inmediato supe que había malinterpretado el problema. Quizá lo adivines antes de que te lo diga, pero dudo que alguien dé con la respuesta correcta.

No estaba impidiendo que trabajara o que se retirara o que ahorrara dinero. Lo estaba deteniendo de hacer algo más, algo que me hizo advertir que había estado viendo el problema desde el lado incorrecto.

¿Qué era? Cuando tienes un plan de retiro, por cuenta propia o a través de tu trabajo, te dan un reporte periódico sobre tu plan. Muestra las contribuciones que has hecho, las contribuciones que tu patrón ha hecho, si es que ha hecho alguna, y el cambio en el valor del mercado de tus acciones y los bonos en el plan. Esta información la utilizan las personas para vigilar y cambiar su estrategia de inversión según lo necesiten.

Los pensamientos preocupantes de este hombre le impedían abrir el reporte de su plan de retiro cada vez que lo recibía. Simplemente lo guardaba en un cajón, intacto.

Me di cuenta de que había diagnosticado incorrectamente el problema. Había procedido como si el hombre necesitara sentirse más seguro acerca de su plan de retiro, pero entonces fue claro que era tan intolerante a la preocupación y a la incertidumbre que prefería renunciar al control sobre sus finanzas, ¡con tal de aliviar su preocupación!

No necesitaba sentirse más seguro y confiado, necesitaba volverse *más dispuesto a sentirse inseguro* y vivir con esos pensamientos y sentimientos. Tenía que trabajar *con* la preocupación, no contra ella.

Piénsalo

Pensar sobre tus preocupaciones como parte de un esfuerzo para evaluarlas y corregirlas tiene sus limitaciones, y éstas pueden debilitar tu esfuerzo por calmar los pensamientos preocupantes usando la reestructuración cognitiva.

Por un lado, pensar objetivamente sobre tus pensamientos es muy difícil, quizás hasta imposible, ya que la herramienta que empleas para evaluarlos, tu cerebro, es la misma herramienta que los crea. Además, tus esfuerzos por evaluar y corregir tus pensamientos preocupantes desencadenarán una especie de discusión interna con tus mismos pensamientos, en lugar de llegar a la resolución calmada que esperabas.

Si descubres que estas limitaciones merman tu esfuerzo por reducir la preocupación crónica con reestructuración cognitiva, tal vez encuentres alivio usando una técnica de defusión cognitiva. Trabajar con (en vez de en contra) las palabras y pensamientos clave de tu preocupación crónica, sobre todo de una manera divertida y graciosa, puede darte mejores resultados que intentar racionalizar y corregir el contenido de tus preocupaciones.

CAPÍTULO 8

El tío Discusión y tu relación con la preocupación

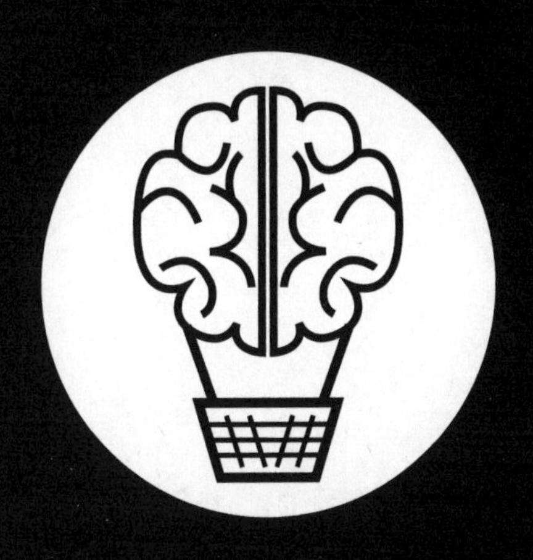

¿Cómo vas con las Tic Tac del capítulo 6? Es sorprendente ver cómo este hábito «y si» se ha infiltrado en tus pensamientos diarios. Te recomiendo seguir usando las Tic Tac por varias semanas, ya que esa técnica te ayudará a observar a la distancia tus hábitos acerca de la preocupación y la manera en la cual la invitas a tu vida.

Este capítulo presentará el panorama general de cómo se ve una relación saludable con la preocupación y ofrecerá pasos específicos que puedes empezar a tomar para viajar por ese camino. Toma esto de la misma manera que tomarías cualquier cambio importante en tu estilo de vida, como una dieta o el ejercicio: enfócate en seguir los pasos e instaurarlos en tu vida diaria, en vez de buscar un resultado inmediato. Es entendible que las personas busquen un resultado rápido al hacer un cambio, pero si te enfocas sólo en los resultados inmediatos limitarás tu habilidad para mantenerte en el camino correcto con tu nuevo hábito. La clave es incorporar estos hábitos nuevos en tu vida y entonces, con el paso del tiempo, cosechar los beneficios.

Esta frase te ayudará a tener siempre presente esto: *Los sentimientos siguen al comportamiento*. No importa si es una dieta, un plan de ejercicio o un programa para reducir la preocupación, todos queremos sentirnos bien tan pronto como sea posible. Pero los buenos sentimientos llegarán después de que hagamos los cambios necesarios en nuestros hábitos y rutina diaria, no antes.

¿Cómo es una buena relación con la preocupación?

Supongamos que vas a una reunión familiar. Tal vez a una boda, a una fiesta de graduación, a un bar mitzvá o a una celebración de bodas de oro. Estás esperando el evento con ansias y quieres divertirte. Desafortunadamente, olvidaste la invitación durante mucho tiempo y fuiste la última persona en enviar tu confirmación al evento. Por eso te sentaron al lado del tío Discusión.

El tío Discusión no es una mala persona, pero vaya que le gusta discutir. De hecho, parece la única forma en la que sabe platicar. Si eres demócrata, él es republicano. Si crees que el futbol americano es el mejor deporte del mundo, él cree que el futbol soccer lo es. Si piensas que el desayuno es la comida más importante del día, él dirá que es la cena. Al hombre le encanta discutir. No es grosero, simplemente ama discutir.

Y se sentará a tu lado en la cena. Tú no quieres discutir, lo único que quieres es sentarte, comer y disfrutar los alimentos: si es posible, te gustaría tener una conversación placentera con alguien, pero lo que absolutamente no quieres hacer es discutir. Discutir hace que te duela el estómago. ¿Qué puedes hacer al respecto?

Es difícil evitar las discusiones

No puedes cambiarte de mesa porque no hay lugares vacíos. No puedes cambiarle el lugar a alguien porque nadie se quiere sentar al lado del tío Discusión. Así que te sientas a su lado o no cenas. Obviamente no quieres hacer eso porque es la parte de la noche que más disfrutas y, si no comes, también te dolerá el estómago. ¿Cómo puedes sentarte al lado del tío Discusión a lo largo de toda la cena sin discutir? ¿Cuáles son tus opciones?

Puedes tratar de ignorarlo, pero eso sólo lo vuelve más ruidoso y persistente. Ama cuando la gente trata de ignorarlo, porque cree que está ganando la discusión. Así que eso no servirá de nada.

Podrías decirle que no quieres discutir, pero eso también lo vuelve más persistente y empezará a molestarte con lo miedoso que eres por no querer expresar tus opiniones. Podrías gritarle, pedirle que se calle, pero eso sólo es discutir enojado, algo que le da placer y lo incentiva a seguir. Podrías escucharlo atentamente y esperar a que diga algo que sea claramente erróneo y así podrías señalárselo, pero eso también es discutir, además que nunca aceptaría estar equivocado. Podrías intentar que las demás personas de la mesa te ayuden, pero ellos tampoco quieren saber nada del tío Discusión, así que los ignorarán. ¡Estás solo!

Podrías golpearlo, pero si lo haces ya no te invitarían a la siguiente reunión familiar. Y definitivamente no quieres que llegue la policía a la fiesta. ¿Qué puedes hacer?

Lo opuesto de discutir

Podrías intentar seguirle la corriente. Podrías estar de acuerdo con todo lo que diga, cierto o falso, brillante o ridículo, lo que sea. «Sí, tío Discusión, tienes razón. Eres muy sabio. De tu boca a los oídos de Dios».

¿Tienes alguna duda de que, si estás de acuerdo con todo lo que dice, este hombre, que ama discutir más que cualquier otra cosa, no buscará alguien más con quién hacerlo? ¿Pierdes algo al seguirle la corriente? ¿Sería una forma razonable de responder ante su necia invitación para discutir?

Puedes tener una relación beligerante llena de discusiones con él o puedes tener una relación en la que le sigas la corriente. El hombre es tan persistente que no te deja otra opción. Desearías tener más opciones, pero también quieres disfrutar del banquete, y eso es lo único que puedes hacer.

Lidiar con tu preocupación es como lidiar con el tío Discusión. Si caes en su trampa y respondes al contenido específico de la discusión, terminarás peleando cuando lo único que quieres es comer. Terminará haciendo justo lo que no querías, discutir y, además, tu nivel de comodidad disminuirá.

Por otro lado, si desarrollas el hábito de seguirle la corriente a tus pensamientos preocupantes, puedes dejar pasar la invitación a discutir sin enredarte y enojarte. Puedes jugar con esos pensamientos en vez de pelear contra ellos.

¿Esto te suena contradictorio? Eso es bueno, porque el problema es contradictorio. Si es cierto que mientras más te esfuerces por suprimir estos pensamientos peor se ponen, entonces probablemente te beneficie intentar algo muy diferente. Seguirles la corriente a estos pensamientos sería justo lo que sugeriría la regla de los opuestos.

¿Te parece bien?

¿Tienes alguna objeción a esto? A veces las personas expresan una ligera duda con oraciones en forma de «debería», por ejemplo, «él (el tío Discusión) debería ser más respetuoso con mis sentimientos» y «¡no debería tener que lidiar con estos pensamientos estúpidos!». Pero, si eso te ayudara en algo, estarías sentado en un hermoso café sin una preocupación en la vida en vez de estar leyendo este libro. Es mejor trabajar con «lo que es» en vez de estresarte por los pensamientos de «lo que debería ser».

Una nueva forma de ver la preocupación

Esta metáfora del «tío Discusión» puede ser muy diferente a lo que has pensado sobre la preocupación crónica en el pasado. ¿Qué pensabas de la preocupación crónica en el pasado? ¿Qué tipo de metáforas llegan a tu mente?

La mayoría de las personas que tienen problemas con la preocupación crónica suelen usar metáforas que involucren lucha, resistencia y pelea. Pueden pensar en el demonio de la ansiedad y cómo aniquilarlo. Es muy normal pensar en la preocupación crónica como un demonio y tratar de pelear contra él. Es una respuesta muy intuitiva.

Pero éste es un problema contradictorio…, por eso cuando dependes de tus respuestas intuitivas, a menudo terminas sintiéndote frustrado con cada esfuerzo que haces por solucionar el problema. Cuando me deslizo por un camino congelado, cuanto más intente girar el volante para alejarme del poste de teléfono, más probable es que choque con él. Necesito volantear *hacia* el poste.

Lo mismo pasa con nuestras metáforas para la preocupación crónica. La preocupación no es una enfermedad ni un extraterrestre que chupa las almas y se ha introducido en tu mente. Es una consecuencia natural de que el cerebro trata de cuidarte, probablemente más de lo necesario. Es más fácil que una respuesta contradictoria me lleve a donde quiero ir, y hará falta que me acostumbre a eso.

La preocupación es como una persona grosera

La preocupación crónica es como una persona grosera en el público durante una presentación. Lidiar con este tipo de persona requiere una respuesta muy particular. Como actor no te servirá de nada meterte entre el público y golpearlo, porque eso evita que puedas dar el espectáculo por el que te presentaste en primer lugar. Tampoco te servirá de nada defenderte de sus comentarios, pues estarás discutiendo con él en vez de dar tu espectáculo. Y tampoco puedes tratar de ignorarlo, porque siempre estará presente, y mientras más te esfuerces por evitarlo, más te distraerás de tu rutina. Podrías pedirle que pare, pero las personas groseras por lo general no responden positivamente a las peticiones para que sean razonables. Lo más seguro es que tu petición llegue a oídos sordos, las groserías continuarán y, mientras tanto, te distraerán de tu objetivo primordial.

¿Cuál es la manera correcta de lidiar con una persona grosera? Probablemente intentar incorporarla en tu rutina. De esta manera no tienes que elegir entre seguir con tu espectáculo (o cualquier otra cosa que estés haciendo) y escucharlo. Y si lo trabajas de esta manera, tratando las groserías como si fueran cualquier otro ruido, eventualmente dejarás de escucharlo. Lo que mantiene a los groseros motivados para perturbarte es pensar que están recibiendo la atención que quieren. Cuando empiece a ser parte del espectáculo, seguramente su motivación disminuirá.

¿Tus pensamientos son como una persona molesta?

¿Qué significa que tus pensamientos se comporten como una persona molesta? Como vimos en el capítulo 4, significa que estás nervioso. Probablemente eso sea todo lo que signifiquen; no son una señal de peligro, son simple y sencillamente nervios. Podrías hacer una prueba rápida con el examen en dos partes del capítulo 2 si así lo deseas.

Supongamos que recibes un correo electrónico de un príncipe nigeriano en el que te ofrece compartir su fortuna contigo. Lo único que necesita es que le des acceso a tu cuenta bancaria para poder hacerte una transferencia.

Si tomas el contenido del correo al pie de la letra, si crees que significa que pronto serás rico, te van a embaucar. Pero si lees el contenido del correo y haces una interpretación de su significado, que alguien está tratando de estafarte, es muy probable que no caigas en la trampa.

Los pensamientos preocupantes (la persona grosera) tienen que ser interpretados de una manera similar. Los pensamientos «y si» repetitivos en realidad no predicen con precisión una enfermedad, una pérdida de trabajo, la descompostura del calentador, el que tus hijos reprueben en la escuela o cualquier otra cosa. Lo que significan es «estoy nervioso».

Y a eso es a lo que debes responder, al nerviosismo, no a un desastre.

Siguiéndole la corriente a la preocupación

¿Y si mejor le seguimos la corriente? Hay muchas maneras de lograrlo, pero aquí expongo un método.

Simplemente toma el pensamiento, acéptalo y exagéralo. Hay un ejercicio de entrenamiento en el teatro de improvisación llamado «sí, y...», en el que debes aceptar lo que sea que la persona en la escena te haya dicho y agregar algo más. No puedes estar en desacuerdo, contradecir o negar lo que la otra persona dice. Simplemente lo aceptas y continúas. Tal vez ésta sea la regla fundamental de la comedia improvisada, ¡no se vale negar nada! Más bien, se trata de aceptar lo que los demás actores ofrezcan y construir sobre eso.

Esta regla funciona en el escenario y también lo hará tanto en tu mente, como en tu mundo interior. La razón por la que funciona tan bien en el escenario es diferente de la razón por la cual funciona con la preocupación, pero definitivamente te ayuda con ella. Te ayuda porque es una expresión de la regla de los opuestos.

¿Cómo puedes usarla? Aquí hay unos ejemplos que te ayudarán a seguirle la corriente a tus pensamientos de esta manera.

¿Y si me vuelvo loco en el avión y tienen que amarrarme?

Sí, y cuando el avión aterrice seguro me pasearán por toda la ciudad antes de dejarme en el manicomio, y saldré en las noticias de la noche para que todos me vean.

¿Y si me pongo nervioso en el banquete y todos ven cómo me tiemblan las manos?

Sí, y probablemente se me caerá la sopa caliente sobre la novia, le ocasionaré quemaduras de segundo grado y se arruinará la luna de miel.

¿Y si me da una enfermedad mortal?

Sí, y tal vez sea mejor que hable al hospital de una vez para hacer una reservación y también a la funeraria.

El punto de esta respuesta no es deshacerte de la preocupación. Mis pacientes suelen estar tan acostumbrados a tratar de eliminar la preocupación crónica que probarán seguirles la corriente a sus preocupaciones por un tiempo y regresarán dentro de pocos días y me dirán «no funcionó. Sigo preocupándome». Ése *no* es el objetivo de seguirles la corriente.

La preocupación es contradictoria. Cuando tratas de eliminarla por cualquier medio, se vuelve más persistente. El objetivo de seguirle la corriente es volverte más tolerante a la preocupación para que te importe menos. Es mejorar tu habilidad para escuchar y aceptar el pensamiento por lo que es, un simple pensamiento, un ajuste en tu mundo interior. Está bien tener pensamientos, inteligentes, tontos, agradables, enojados, aterradores, como sean. No tenemos elección sobre eso. Todos tenemos muchos pensamientos y muchos son equivocados y exagerados. Y eso está bien. No tenemos que ser guiados por ellos, pelear con ellos, desmentirlos o silenciarlos. Simplemente debemos estar dispuestos a escucharlos mientras seguimos con nuestra vida.

He notado que mis pacientes con preocupación crónica atraviesan un ciclo. Cuando sufren un momento de preocupación extrema, lo catalogan como «un mal momento» y batallan para que termine. Cuando tienen un momento con menos preocupación, lo catalogan como «un buen momento» y tratan de mantener las preocupaciones alejadas. Siempre están tratando de ajustar su menú de pensamientos, y eso suele tener un resultado muy diferente del pretendido inicialmente.

¿Qué se puede hacer? Cuando tratas de eliminar los «malos momentos», sólo logras prolongarlos y fortalecerlos. Cuando tratas de aferrarte a los «buenos momentos», te los arrebatan de las manos.

Es frustrante, ¿verdad? Recordemos esta importante observación: *Mientras más me esfuerzo, peor se pone.* ¿Cómo puedes aplicarla en esta situación?

Podrías identificar tu pensamiento preocupante y «mantener ese pensamiento en la mente». ¿Qué significa mantener ese pensamiento en la mente? Significa lo opuesto de lo que intentas hacer cuando tratas de

«¡mantener ese pensamiento *fuera* de la mente!». Deliberadamente mantienes el pensamiento al alcance de tu mano, jugando con él, repitiéndolo, tratando de no olvidarlo, quizás hasta tomándote un tiempo cada tres minutos para asegurarte de que el pensamiento se repita periódicamente.

¿Por qué alguien querría hacer eso? Bueno, si es cierto que «mientras más me esfuerzo, peor se pone», ¡es probable que obtengas mejores resultados haciendo lo *opuesto* de lo que normalmente haces!

Vuélvete menos apegado a tus pensamientos

Otra buena manera, más general, y quizá la más importante, es volverte menos apegado a tus pensamientos, sin importar si el contenido te parece bueno o malo. Tus pensamientos automáticos son como una banda sonora interminable que acompaña tu vida entera. A veces los pensamientos son relevantes, a veces no; a veces son agradables, a veces no; a veces son certeros, a veces no. No tienen un botón de apagado ni control para el volumen. Vivimos en nuestros pensamientos de la misma manera en que un pez vive en el agua.

Ni tú ni yo podemos elegir nuestros pensamientos. Lo que sí podemos elegir es cómo responderles y, sin duda, qué hacer con nuestro tiempo en este planeta. No tenemos que organizar nuestros pensamientos como quisiéramos para disfrutar de las cosas que queremos hacer.

Este esfuerzo que hace la gente por aferrarse a los «buenos» pensamientos y eliminar los «malos», ¿dónde lo hacen? ¡En su cabeza! Mientras la vida fluye a su alrededor, se pierden de todo lo que sucede, porque están adentro tratando de reacomodar los muebles una vez más en lugar de salir al sol, en donde ocurre la vida. Deja que tus pensamientos entren y salgan de tu cabeza mientras atiendes las actividades importantes para ti en el mundo exterior, en el ambiente de personas y objetos en el que vives.

¿Quieres hacer un experimento? No te quitará mucho tiempo, tal vez cinco minutos. Consta de tres pasos.

El experimento de la preocupación

Primer paso. Escribe una oración que tenga 25 palabras máximo, que exprese la versión más intensa que puedas crear de una de tus preocupaciones comunes, algo que te haya molestado recientemente. Las primeras dos palabras serán, obviamente, «y si», así que sólo te quedan 23 palabras por usar. Trata de crear un pensamiento que no sólo incluya el evento aterrador que temes, sino que incorpore las consecuencias a largo plazo de dicho problema, la angustia que sentirás de viejo al recordar el evento y más cosas por el estilo. Éste será el más largo de los tres pasos. Tómate el tiempo necesario para conseguir una buena expresión de tu preocupación y obtener las ideas más desagradables que puedas.

Aquí hay un par de ejemplos. Como seguramente adivinaste, leer estos ejemplos de preocupaciones llenará a algunos lectores de incomodidad, de la misma manera que una persona se asusta con un libro o una película de terror. Está bien, ya pasará. Pero si no quieres tener una experiencia así en este momento, deja un separador en esta sección y regresa cuando te sientas más dispuesto a sentir esa incomodidad.

Ejemplos:
Para alguien que se preocupa por padecer demencia:
DÉBIL: ¿Y si me vuelvo loco?
MEJOR: ¿Y si me vuelvo loco y termino en un manicomio?
BUENO: ¿Y si me vuelvo loco, termino en un manicomio y vivo una vida larga, miserable, sin sentido, en el olvido, chimuelo, pelón, abandonado y solo?

Para alguien que se preocupa por verse como un tonto en una fiesta:
DÉBIL: ¿Y si me pongo muy nervioso en la fiesta?
MEJOR: ¿Y si me pongo muy nervioso en la fiesta y empiezo a sudar y a temblar?

BUENO: ¿Y si me pongo muy nervioso en la fiesta, empiezo a sudar, a temblar, orino mis pantalones y, entonces, la gente prefiere evitarme para siempre?

Empieza a escribir tu preocupación. Usa un tema que te moleste normalmente para que este experimento sea útil. Empieza con la cláusula «y si», agrega un par de «entonces» de las terribles consecuencias que producirá. No te quedes con tu primer borrador. Tómate el tiempo para editarlo y fortalecer todo el miedo y el odio que puedas plasmar en tus palabras.

Segundo paso. Escribe los números 1 al 25 en un pedazo de papel.

Tercer paso. Siéntate o párate frente a un espejo para que puedas verte. Di la oración preocupante en voz alta, lentamente, 25 veces. Después de cada repetición, tacha el número correspondiente en la hoja de papel para que puedas llevar la cuenta.

Si prefieres puedes agrupar 25 objetos pequeños en una mesa, como palillos, monedas o dulces (¡o Tic Tac!), y separar uno después de cada repetición. No las cuentes en tu cabeza porque eso requiere concentración y quiero que te enfoques únicamente en las 25 repeticiones del pensamiento preocupante.

Inténtalo. Elige un lugar y hora en la que tengas privacidad para que puedas enfocar tu atención en lo que estás diciendo sin preocuparte por que alguien te oiga. Puede ser que te sientas como un tonto, pero hazlo de todas maneras, por favor. ¡No te saltes esto!

Tal vez este ejercicio no sea una experiencia placentera, pero creo que el dolor pasajero valdrá la pena. Experimentos como éstos serán de mucha ayuda para desarrollar un mejor entendimiento de cómo funciona tu preocupación y te ayudarán a cultivar una forma diferente de responder a ella. Regresa a esta parte cuando acabes.

Esta idea puede parecer extraña y contradictoria, pero recuerda qué tipo de resultados has obtenido, en el pasado, de las ideas lógicas e intuitivas. ¡Pruébalo, es un experimento!

¿Ya acabaste? Ahora, si estuvieras haciendo este experimento en mi consultorio te preguntaría esto: ¿cómo se compara el impacto emocional de la última repetición con el de la primera? ¿Cuál te molestó más?

¡Repetir la preocupación suele reducir su poder!

Si eres como la mayoría de las personas que sufre preocupación crónica, probablemente te has dado cuenta de que el pensamiento preocupante *perdió* su poder con la repetición, por lo que la última repetición tuvo una sensación menos perturbadora que la primera. Si fue así, adquiriste un importante conocimiento sobre la naturaleza de la preocupación crónica. (Si no obtuviste este resultado, asegúrate de que la preocupación que hayas elegido sea una buena representación de tus preocupaciones crónicas; si no lo es, reemplázala. Si lo es, es posible que tengas un problema diferente, como recuerdos depresivos de un evento pasado en vez de pensamientos preocupantes sobre un evento futuro, o una fuerte tendencia obsesiva compulsiva. Si éste es el caso, quizá debas revisar tu trabajo con los capítulos anteriores o revisar tu situación con un terapeuta profesional con experiencia en este tipo de casos).

Piensa en todos los esfuerzos que has hecho para eliminar la preocupación y los pocos frutos que han rendido. Piensa en los resultados que has tenido con las técnicas antipreocupación del capítulo 3. Y ve cómo aquí, con apenas unos minutos de repetición en voz alta, probablemente hayas reducido su capacidad para molestarte, obviamente no de manera permanente, pero sí con un cambio temporal en tu respuesta emocional a la preocupación producido por la repetición.

¿*Y si* ésta es la mejor manera de responder a la preocupación crónica? ¿*Y si* esta respuesta, seguirle la corriente y hacer un espacio para la preocupación, tiene más que ofrecer que todos los métodos de detención de pensamientos que has probado?

Esto significaría una revisión importante de tu relación con la preocupación crónica. Sugeriría una respuesta contradictoria a un problema contradictorio. Esto va en línea con la regla de los opuestos; responderías a la preocupación crónica aceptando y jugando con tus pensamientos en vez de tratar de eliminarlos. Desactivarías los pensamientos preocupantes al aceptarlos como fuente de duda, en vez de peligro. Le seguirías la corriente a las preocupaciones, en vez de dejarte atrapar por una discusión indeseada. Las tratarías como un tic nervioso, en vez de pensar en ellas como un tumor.

En pocas palabras, puedes reemplazar el método contraproducente de detención del pensamiento con el muy productivo método de exposición al pensamiento. Una persona con fobia a las serpientes que quiera superarla necesitará pasar tiempo con serpientes. Si tienes un problema con la preocupación crónica, los pensamientos preocupantes son tus serpientes.

He trabajado con pacientes que le tienen fobia a las serpientes que han estado decididos a superar ese miedo y lo hemos logrado exponiéndolos a una serpiente por una o dos sesiones. Aunque al principio el problema pueda parecerle insuperable al paciente, realmente no requiere mucho trabajo ayudarlo a superarlo. Solamente tengo que tomarme el tiempo para ayudarlo a aceptar los síntomas del miedo y exponerlo a las serpientes; entonces la desensibilización a la serpiente ocurre de manera natural.

Lo único que debo recordar es conseguir una serpiente no venenosa. Y en el caso de la preocupación crónica no existen las serpientes venenosas. Los pensamientos, sin importar qué tan molestos, horribles, asquerosos e irritantes (y demás) sean, nunca son peligrosos. Sólo son molestos, no peligrosos.

Para algunas personas será suficiente con responder siguiendo la corriente como ya he descrito. Si puedes hacer eso y devolver tu energía y atención a las actividades que sí son importantes para ti, quizás eso sea todo lo que necesites hacer.

Algunas otras personas descubren que su hábito de preocupación crónica es más persistente y está más arraigado en sus vidas, y se beneficiarán de usar técnicas más específicas y personalizadas. Ésas las encontrarás en el siguiente capítulo.

Piénsalo

En este capítulo te presenté una herramienta básica que puedes usar para cambiar tu relación con la preocupación crónica y encaminarte hacia una dirección más útil. Probaste un experimento de repetición con tus pensamientos preocupantes para evaluar qué pasa si los dejas entrar en vez de resistirte a ellos. Además, vimos las formas en las que puedes seguirles la corriente de la misma manera que lo harías con el tío Discusión. En el capítulo 9 veremos formas más activas con las que podrás responder a pensamientos particularmente persistentes y desagradables.

CAPÍTULO 9

¡AJÁ! Tres pasos para lidiar con la preocupación crónica

Aquí está el momento ¡AJÁ! que esperabas al lidiar con la preocupación. Éste es un acrónimo que puede ayudarte a recordar un par de pasos que deberás seguir cuando los pensamientos preocupantes te estén molestando.

Acepta y reconoce.
Júntate con tus pensamientos y sígueles la corriente, como si fueran el tío Discusión.
Actívate, empieza a hacer cosas que realmente te interesen de tu «mundo exterior» (y, si es necesario, lleva contigo las preocupaciones).

Aquí encontrarás una explicación detallada para cada paso de ¡AJÁ!

Acepta y reconoce

¿Qué tienes que reconocer? ¡Que de nuevo estás teniendo un pensamiento preocupante! Quizá sea molesto encontrarlo de regreso en tu mente. Quizá te niegues a reconocer su existencia porque te parece irrazonable que, de nuevo, estés pensando en eso. No aporta nada de valor y ya lo has descartado muchas veces, pero aquí está de nuevo, no sirve para nada y sólo te molesta como un correo basura que llega a tu bandeja de entrada cada hora. O, tal vez, aunque has tenido mucha experiencia con estos pensamientos preocupantes y nunca te han lastimado, sigues respondiendo con miedo, pues te preguntas: «¿Y si esta vez sí pasa algo?», algo que sólo es un engaño para que tomes el contenido del pensamiento con seriedad. Desearías estar completamente seguro de que el pensamiento es falso, de una vez por todas, pero obviamente no puedes tener esa certeza.

Muy bien, puedes simplemente reconocer que estás teniendo un nuevo caso de pensamiento preocupante. Tal vez lo reconociste por el inicio «y si», o tal vez no te diste cuenta hasta que pensaste en el contenido que ofrecía, pero no importa. Tienes un cerebro y, por tanto, tienes pensamientos. No hay necesidad de ignorarlo o fingir que no está ahí. En realidad, no tiene nada de malo que lo ignores, pero si el esfuerzo por ignorarlo sólo logra hacer que regrese a tu mente, entonces tratar de ignorarlo no te está ayudando en nada. Mírate aquí, teniendo otro de los muchos, muchos pensamientos que tendrás hoy y éste, en particular, es un perdedor.

¿Quién lo reconoce? Normalmente, tú mismo. Se trata de un proceso interno en el que por un momento breve notas la presencia de pensamientos preocupantes, los reconoces, no te resistes a ellos y ni siquiera los eliminas, y sigues con tu vida. Es posible que a veces tengas razones para expresar estos sentimientos a alguien más, y eso lo veremos en el capítulo 12.

¿Qué tienes que aceptar? ¡El hecho de que estás teniendo un pensamiento que no te gusta! Tal vez estés, o no, de acuerdo con el contenido del pensamiento. Tal vez descubras que el pensamiento es razonable o lo encuentres repulsivo. ¡Nada de eso importa! No puedes elegir el tipo de pensamientos que tienes y aquellos que no quieres tener. ¡Nadie puede hacerlo! No hay necesidad de tratar de contradecir al pensamiento, refutarlo, expulsarlo o buscar seguridad. Es muy probable que no encuentres beneficio en nada de eso.

Nadie espera que controles tus pensamientos. Eres responsable de tus acciones y serás juzgado por ellas, ¡no por tus pensamientos! Puedes tener un pensamiento preocupante, así como puedes tener un pensamiento de enojo, celos, sensual, alocado, amable, desagradable, vergonzante, compasivo, asesino o lo que sea. Decir que hay suficientes preocupaciones para dar y regalar sería decir muy poco.

Así que está bien, puedes permitirte tener el pensamiento que llegue a tu mente, sin importar lo que sea, así como puedes permitir que tu estómago haga el ruido que sea o tener la reacción que quieras ante un olor desagradable. Si alguien más oye el gruñido de tu estómago y te sientes apenado, puedes decir «lo siento», si así lo deseas, y seguir adelante. Pero como nadie puede oír tus pensamientos, no hay necesidad de disculparte y tampoco puedes *controlar tus pensamientos*, por lo que no deberías juzgarte. Aquí estás teniendo un pensamiento que no elegirías tener, si es que pudieras tomar la decisión; algo que no puedes hacer.

Hace poco una paciente, que tiende a ser perfeccionista y demasiado demandante de sí misma, me preguntó: «¿Qué puedo decirme cuando note que estoy teniendo uno de esos pensamientos de nuevo?». Yo sugerí: «ya ni modo». Ella pensaba que se necesitaba algo mucho más complicado, más poderoso y más purificador. ¡No! Esto no es, como dice el dicho, física nuclear. *Tú no controlas tus pensamientos y tus pensamientos no te controlan a ti.* Cuando se trata de pensamientos automáticos como éstos, eres más como el lector de un libro que el autor, por lo cual no hay necesidad de que entres en una pelea orgullosa para retomar el control de tus pensamientos. No puedes elegir los pensamientos que tienes o excluir los que crees que deben suprimirse. ¡Ya ni modo! ¡Cuando me toque diseñar el mundo, haré algunos cambios!

El primer paso, aceptar y reconocer, es probablemente el más importante y poderoso de los tres. Lo describo tan simple como me es posible, pero eso no significa que sea fácil. Algunas personas pueden simplemente aceptar y reconocer los pensamientos indeseados y avanzar al siguiente paso sin tener que recurrir a otras técnicas o respuestas. ¡Eso es fantástico! Si funciona para ti, sigue adelante sin detenerte más tiempo en este paso.

Pero eso tiende a ser la excepción. La mayoría de las personas descubren que los pensamientos son un poco más «pegajosos» de lo esperado, que no pueden avanzar tan rápido porque siguen discutiendo con el tío Discusión, todavía deseando que el pensamiento cese y desista. Desarrollar una actitud más receptiva hacia los pensamientos que detestas y hacia el miedo suele ser un proceso largo y paulatino, una tarea en la que trabajaremos toda nuestra vida, no es un objetivo específico que podamos lograr rápida y completamente. Es algo que practicas y adquieres con el tiempo, no es algo que simplemente puedas «hacer».

Me recuerda al eslogan en la caja del juego de mesa Othello. Este juego es engañosamente sencillo, con piezas similares a las damas: un jugador utiliza fichas blancas y el otro las negras. Ganas al rodear las piezas de tu oponente y convertirlas en tu color. Suena simple, pero en realidad es bastante complejo, y el eslogan es «tómate un minuto para aprenderlo, pero una vida para dominarlo».

Si te deshidratas, digamos que por jugar demasiado tenis en un día caluroso, bajo los rayos del sol y sin tomar la cantidad necesaria de líquidos, puedes beber más agua y solucionar el problema. Si estuvieras severamente deshidratado, quizá necesitarías líquidos intravenosos. Eso sería todo, reabasteces tu cuerpo con líquidos y el problema se arregla.

Entrenarte para manejar tus pensamientos preocupantes de manera diferente no es como reabastecer tu cuerpo con agua. Es más como un proceso de ejercicio para ponerte en forma, o hacer una dieta para perder peso. Tendrás que aprender, practicar y continuamente seguir algunos pasos para mejorar tus habilidades y obtener los resultados deseados.

Lo más importante sobre la dieta es adquirir y seguir un hábito de comida saludable todos los días y hacer ejercicio con regularidad. Eso es más importante que lo que puedas pesar hoy, ya que, si mantienes los buenos hábitos, tu peso y condición física seguirán el ejemplo. De la misma manera, lo más importante es hacerte de un hábito regular de cómo responder a tus pensamientos preocupantes, no la cantidad de pensamientos preocupantes que tengas hoy. Lo que importa es avanzar por el camino correcto. No importa qué tan rápido ni qué tan fácilmente lo hagas.

Para descubrir algunas buenas maneras de responder a la preocupación, primero aclara la clase de situación a la que te enfrentas ahora. Puedes hacer esto usando la prueba en dos partes del capítulo 2:

1. ¿Hay algún problema que exista en este momento a tu alrededor, en el mundo exterior?
2. Si la respuesta es sí, ¿hay algo que puedas hacer en este momento para cambiarlo?

Si obtuviste algo diferente a dos «sí», como dos «no», un «no» y un «sí», dos «tal vez» o lo que sea, entonces no tienes un problema en el mundo exterior que puedas solucionar en este momento. Tienes un problema de preocupación. Estás cayendo en la trampa del tío Discusión.

La experiencia de ser atrapado e inquietado por pensamientos preocupantes es parecida a la que tienes cuando sostienes un espejo frente a una pecera con un pez beta. A estos peces se les separa porque los machos pelearán hasta la muerte si se encuentran con otro. Cuando era niño, sostenía un espejo frente a la pecera y veía la feroz reacción del pez al verse. Al pensar que la imagen era otro pez, nuestro pez se preparaba para el combate, tornándose de un color rojo brillante, ensanchando sus branquias, aleteando y abriendo la boca. Por supuesto que no había otro pez con el cual pelear y después de un rato nuestro pez se calmaba. Pero por unos minutos se ponía como loco, de la misma manera que a ti te molesta un pensamiento preocupante. La reacción es real. El peligro no. ¡Es un pez falso!

Cuando esto pasa, recuerda estos dos puntos. Tal vez te ayudará que los guardes en tu dispositivo electrónico o en una tarjeta hasta que los memorices.

1. Lo que sientes ahora es la emoción de sentirte nervioso.
2. Está bien sentirse nervioso. Es probable que realmente detestes

> la emoción, pero es como estar en un cuarto incómodamente caliente y no como estar acampando en medio de un incendio forestal. El primer caso es incómodo, el segundo es peligroso. Puede ser que estés sentado en un cuarto incómodamente caliente leyendo sobre un incendio forestal o viendo una película sobre un incendio forestal, pero sigue siendo sólo incómodo, sin importar lo realista que sea la película o la descripción.

El problema al que te enfrentas no es el problema descrito en la cláusula de la catástrofe de tu preocupación. El problema es la incomodidad que experimentas como respuesta al pensamiento preocupante y tu inclinación natural a tomar ese pensamiento con seriedad y resistirlo. Cuando te resistes al pensamiento con tu selección usual de respuestas contra la preocupación, vuelves a experimentar la dificultar descrita como «mientras más me esfuerzo, peor se pone».

Ése es el primer paso, aceptar y reconocer. Si descubres que caes en la trampa con frecuencia y terminas peleando con el tío Discusión, entonces este segundo paso quizá sea de ayuda.

Júntate con tus pensamientos preocupantes y sígueles la corriente

Una vez que reconoces la presencia temporal del pensamiento y aceptas su presencia tan bien como te es posible, quizá te sea de gran ayuda responder al pensamiento preocupante de una forma juguetona, contradictoria.

Así que haz algo muy diferente. Usa la regla de los opuestos. Aquí hay algunas formas con las que puedes responder de manera juguetona o absurda al ser «atrapado» por el tío Discusión, quien usa todos sus esfuerzos para que pelees con él.

Canta la canción de la preocupación. Crea una canción a partir de tu preocupación. Puedes encontrar algunos ejemplos en mi página web, canciones sobre ataques de pánico, cantados con mi espantosa voz. Elige una melodía que puedas cantar fácilmente y crea tu propia letra sobre la preocupación y los desastres que te acechan en cada esquina.

Por ejemplo, aquí están los primeros versos de una de mis canciones sobre los ataques de pánico. Se canta al ritmo de *Camptown Races*:

Me volveré loco y moriré,
doo da, doo da;
el pánico me atrapará,
oh, doo dah day;
me siento mareado,
mi corazón va explotar,
correré desnudo por la plaza,
doo dah, doo dah day.

Escribe un haikú. Si no quieres cantar puedes escribir un haikú, una forma tradicional de escribir poesía japonesa. Hay mucho que aprender del haikú, pero para nuestro ejercicio nos enfocaremos en una forma muy simple.

Es un poema de tres líneas que no rima. La primera línea debe tener cinco sílabas, la segunda siete y la tercera cinco. Lo único que debes hacer es escribir un poema de tres líneas sobre tus preocupaciones, que no rime y que cumpla con ese formato.

Supongamos que tienes un pensamiento molesto y lo reconoces por lo que es, pero no puedes dejarlo ir. Has tratado de buscar una forma racional de dejarlo ir y hasta de distraerte, pero no funciona. Tus técnicas de detención del pensamiento tampoco rinden frutos. ¡Sigues tratando de pelear con el pez falso! Éste sería un buen momento para probar un haikú.

Éstos son algunos haikús que he recibido:

- Me siento muy mal.
- Me voy a volver loco.

- Rieguen mis plantas.
- Odio el avión.
- Todos me verán llorar.
- Quiero vomitar.

Si el haikú es demasiado exótico para ti, puedes escribir un epigrama.

Escribe un epigrama. Un epigrama es un poema de cinco líneas que seguramente conociste de niño. La primera, segunda y quinta líneas riman entre sí y tienen el mismo número de sílabas (entre ocho y nueve). La tercera y cuarta líneas riman y tienen entre cinco y seis sílabas. Esta estructura suena complicada, ¡pero es más fácil de lo que crees! Y le da al epigrama su rima característica. Los epigramas suelen empezar con la línea «Había un...».

Éste es un ejemplo de epigrama:

Una mujer de Nevada
que creía estar muy pirada
temía a su mente
pues estaba demente.
¿Quién irá a su velada?

Preocúpate en otro idioma. ¿Eres bilingüe? Aunque sólo hayas tomado clases de otro idioma en la escuela puede ser suficiente para que te preocupes en otro idioma.

O, si no hablas otro idioma en absoluto, puedes usar *pig latin.* Es una forma simple de transformar las palabras en algo que suene completamente diferente. Los padres lo usan para evitar que sus hijos entiendan temas que prefieren mantener secretos. Para palabras que inician con vocales, simplemente agrega «ay» al final de la palabra. Hay unas cuantas reglas más para casos especiales, y si quieres puedes encontrarlas en línea. Éstos son algunos ejemplos de *pig latin*:

- ¿Y si me vuelvo loco? *¿Yay isay uelvovay ocolay?*
- ¿Y si dejé la estufa prendida? ¿Yay isay alay estufay endidapray?

Al igual que con el haikú y el epigrama, no estás cambiando el contenido de tu preocupación, sólo estás cambiando el formato y con eso puede ser suficiente para cambiar tu respuesta a la preocupación. Cuando tratas de recordar cómo se dice «morir atragantado» en alemán, ¡verás que produce un resultado muy diferente!

Preocúpate con un falso acento extranjero. Sí, es un poco tonto, pero ¿por qué no hacerlo? Un poco de tontería podría ayudarte a poner tu preocupación en perspectiva. No vale la pena darle al contenido de tu preocupación más respeto del que merece.

Enlista tus preocupaciones. Haz una lista de tus preocupaciones crónicas. Empieza con una lista básica de las que aparecen con mayor frecuencia en tu mente y con el paso del tiempo añade alguna nueva. Una vez que tengas la lista básica puedes empezar el hábito de revisar, cada vez que una preocupación aparezca en tu mente, si está en la lista. Si no está, agrégala. Al verla en la lista puedes seguir con tu vida, seguro de que la has anotado y puedes regresar a ella en cualquier momento. No tienes que pensar en ella en este momento porque ya la tienes anotada.

Esta lista te será útil al trabajar con los ejercicios que veremos en el capítulo 10.

Graba tus preocupaciones. Puedes hacer grabaciones de audio de tus preocupaciones, en tu celular o en cualquier otro dispositivo digital. La idea es copiar el proceso que ocurre en tu mente al preocuparte. Esto suele significar la repetición de varios pensamientos «y si».

Hay varias formas de lograr esto. Puedes hacer una grabación corta, tal vez de 30 a 60 segundos, de un solo pensamiento «y si». Dilo varias veces, tantas como te sea posible en esa corta grabación. Después puedes tomarte tiempo durante el día, periodos de 10 minutos, para escuchar el mensaje una y otra vez en forma continua. El efecto es similar al que tendrías si pudieras escuchar los pensamientos preocupantes de alguien más.

A la gente le suele preocupar que al hacer esto sus preocupaciones de alguna manera se vuelvan más convincentes y nunca se detengan. Sin embargo, recuerda el experimento con las 25 repeticiones del capítulo 8, espero que hayas hecho ese ejercicio, y guíate por los resultados que hayas obtenido. Cuando las personas hacen ese experimento casi siempre descubren que la preocupación pierde su impacto emocional y su demanda de atención disminuye cuanto más se repita.

Otra forma de hacer este ejercicio es grabar una sesión más larga, una más parecida a una pelea con el tío Discusión, en la que platiques con la preocupación para tratar de desmentirla, silenciarla, calmarla y cualquier otra cosa que normalmente harías. Deberás desempeñar ambos papeles en la discusión, al tío Discusión tratando de atraparte y a ti intentando calmarte. En este método tendrás que hacer una grabación de 30 minutos y tomarte el tiempo para escucharla una y otra vez.

¿Te preocupa jugar con las preocupaciones?

Es muy probable que estas sugerencias sean muy diferentes de lo que has probado. Involucran aceptar tus pensamientos preocupantes y jugar con ellos en vez de resistirte y tomarlos con seriedad.

¿Qué reacción tienes ante la idea de seguirle la corriente a tu preocupación crónica?

Al principio, la gente suele estar nerviosa sobre seguirle la corriente a sus pensamientos preocupantes. Les parece arriesgado, como si estuvieran tentando al destino. Es posible que algunas creencias sobre la preocupación les hayan indicado que las preocupaciones deben tomarse con seriedad y cuidado, como si la preocupación crónica fuera peligrosa. Veremos esas creencias con más detalle en el capítulo 11.

Si prefieres tratar esas preocupaciones de una manera más formal, puedes usar el Diario de la Preocupación que está disponible en el sitio web de New Harbinger (http://www.newharbinger.com/33186). Es un simple cuestionario que puedes usar cuando te encuentres atrapado por las preocupaciones. Tómate un poco de tiempo para observar tus preocupaciones y responder las preguntas en el diario. Esto te entrenará y te volverá un mejor observador de tus pensamientos preocupantes y te ayudará a desconectarte de la idea de pelear contra ellos o resistirlos. Si un toro simplemente observara de cerca las acciones del torero con la muleta roja, ¡no habría más corridas de toros sangrientas!

El Diario de la Preocupación puede ser muy útil. Sin embargo, me gustaría que experimentaras con respuestas más juguetonas o intentaras seguirles la corriente a tus preocupaciones; ya que creo que te darán mejores beneficios a largo plazo.

¿Cuándo terminarás con este segundo paso? No les sigas la corriente a tus preocupaciones una y otra vez esperando que desaparezcan. ¡Eso es como si discutieras con el tío Discusión! Más bien, síguelas la corriente a tus pensamientos y continúa con el tercer paso, dejando que te sigan cuando regreses al mundo exterior, si es que eso hacen.

Actívate, vuelve a hacer cosas que sean importantes para ti (y, si es necesario, lleva las preocupaciones contigo)

Si alguna vez te han hecho un examen de la vista, probablemente conozcas la parte en la que el doctor escoge entre varios lentes y te pregunta: «¿Ves mejor con éste... o con éste?», mientras tratas de decidir con qué lente ves mejor.

Te enfrentas con una decisión similar cuando te dejas atrapar por la preocupación. La elección es ésta: «¿Estás mejor aquí (dentro de tu mundo interior lleno de preocupación)... o aquí (en tu mundo exterior)?».

En general ayuda más involucrarte en el mundo exterior. Es mejor realizar actividades que sean importantes o divertidas para ti que pasar tiempo en tu cabeza, tratando de deshacerte de los pensamientos. La razón por la que el mundo exterior es una mejor elección *no* es porque te hará sentir mejor de inmediato, quizás éste no sea tu caso, sino que te llevará a un mejor resultado y creará un mejor patrón con vistas al futuro.

Cuando llevo a un grupo de personas que temen volar en un avión, suele haber una o dos que tienen problemas hasta para subirse. Se quedan parados en la puerta, tratando de hacerse a la idea de abordar, pero no encuentran la comodidad que buscan y por eso se sienten atrapados.

Si toman la decisión queriendo sentirse bien de inmediato, se darán la vuelta y se irán a casa. Entonces, se sentirán bien en segundos, pero eso no durará. Al llegar al estacionamiento empezarán a sentir arrepentimiento y se sentirán miserables el resto del día. Por otro lado, si toman una decisión basándose en lo que quieren sentir, no en ese preciso momento, sino esa noche, entonces se subirán al avión. Sentirán miedo en ese momento, pero sabrán que se sentirán bien al regresar a casa por aquello que lograron.

En el caso de la preocupación te enfrentas con algo parecido. Es tentador pensar que debes pensar más sobre tus pensamientos, tratar de revisarlos o razonar con ellos para sentirte mejor en ese preciso momento, pero ese juego no tiene a un ganador. Nunca vas a lograr eso porque el juego está amañado en tu contra. ¡Es para perdedores! La regla de los opuestos sugiere que hagas, pues, lo opuesto. Hagamos algo más mientras le damos tiempo a la preocupación para rendirse.

Esto no es lo mismo que tratar de hacer demasiadas cosas para que dejes de preocuparte. Eso sólo es una versión más de «deja de pensar en eso» y no es útil a largo plazo.

Lleva tus preocupaciones a dar un paseo

Si tienes perros, sabes que debes llevarlos a caminar, a menos que tengan espacio en tu casa para correr. Habrá momentos en los que no quieras hacerlo, como cuando hace frío y está lloviendo, o cuando estás demasiado ocupado escribiendo un libro, o cuando te duele la cabeza, o simplemente cuando no tienes ganas de hacerlo. Pero si no dejas que tus perros hagan sus necesidades afuera, pronto lo harán adentro. ¡Y eso no ayudará para nada a tu dolor de cabeza o a la escritura del libro! Cuando por fin los sacas a caminar no siempre hacen lo que quieres. A veces se adelantan corriendo y te jalan. A veces se quedan atrás y debes hacer que te sigan. A veces tratan de comer cosas que no deberían o les ladran a tus vecinos.

Los perros son como tus pensamientos preocupantes. A veces demandan atención cuando no quieres dársela y a veces no hacen las cosas como quisieras que las hicieran. ¡Pero la vida es mucho mejor cuando los sacas a pasear!

Quizá te hayas dado cuenta de que sueles preocuparte menos cuando estás ocupado que cuando estás sentado sin hacer nada. Los episodios de preocupación crónica suelen desaparecer más fácil cuando estás activo. Así que te será útil dirigir tu atención y energía al mundo exterior. Con esto no quiero decir que busques algo que hacer, pues eso se parecería mucho a tratar de eliminar tus pensamientos. No es que haya algo malo en tratar de eliminar tus pensamientos, si es que puedes hacerlo de manera sencilla y eficiente. Es sólo que tratar de eliminarlos suele hacer que éstos se vuelvan más persistentes y abundantes.

Así es con las preocupaciones. Parece que hay un mejor momento para ir a cenar, pero la vida es una fiesta en la que quien llega primero se sirve primero, y si estás preocupado la noche de la fiesta, entonces guarda tus preocupaciones y llévalas contigo. ¿Serías más feliz sin preocupaciones? Sí, pero esta elección no está disponible de inmediato. ¿Te sentirías mejor acostado en la cama, solo con tus preocupaciones? ¡Probablemente no!

Sigue con tu vida, las preocupaciones pueden irse más pronto de esa manera. Si no es así, al menos participarás en tu vida mientras esperas a que pasen.

Las personas suelen oponerse a involucrarse en cualquier tipo de proyecto, excusándose con la idea de que podrán hacer mejor las cosas si no están preocupadas. De la misma manera, buscan aislarse de las demás personas, por miedo a que noten su angustia y se molesten.

Ambos son ejemplos de cómo tu instinto suele manejar erróneamente la preocupación haciendo lo opuesto de lo que en realidad sería útil. En los dos casos se sugiere que necesitamos, primero, eliminar los pensamientos preocupantes que estamos experimentando y, después, podemos involucrarnos en actividades que sucedan fuera de nuestra piel.

Suele ser al revés. Involucrarte en tu mundo exterior dirigirá tu energía y atención ahí, dejándote menos espacio para estar «en tu cabeza». Además, al interactuar con el mundo exterior, conoces mejor las reglas empíricas de la realidad; en cambio, cuando estás en tu cabeza puedes imaginar lo que sea. Ésta es la razón por la que la preocupación anticipatoria casi siempre es peor que cualquier cosa que pase en la vida real. ¡Como no hay reglas en tu cabeza, todo parece posible! En el mundo exterior, las reglas de la realidad sí aplican.

Piénsalo

En este capítulo vimos el acrónimo que puedes usar para responder a la preocupación crónica cuando sea que ésta aparezca. El acrónimo es ¡AJÁ!

Acepta y reconoce.
Júntate con tus pensamientos y síguelas la corriente, como si fueran el tío Discusión.
Actívate, empieza a hacer cosas que realmente te interesen de tu «mundo exterior» (y, si es necesario, lleva contigo las preocupaciones).

Notaste los pensamientos preocupantes y los reconociste. Evadiste el instinto de oponerte a ellos y cultivaste una actitud de aceptación hacia la condición temporal de estar preocupado.

Respondiste a los pensamientos de maneras juguetonas, quizá con una canción o un poema en los que jugaste con el contenido de la preocupación, en vez de tomarla con seriedad.

Regresaste al mundo exterior y a alguna actividad importante para ti. Dejaste que tus preocupaciones te acompañaran, pues es lo que suelen hacer.

¿Esta manera de tratar a tus preocupaciones es diferente a como normalmente lo haces?

Si es lo opuesto de lo que normalmente haces, ¡entonces vas por el camino correcto con la regla de los opuestos!

En el capítulo 10 veremos unos pasos que puedes incluir en tu rutina diaria para reducir la cantidad de preocupación crónica que experimentes en el futuro.

CAPÍTULO 10

Tu rutina diaria de ejercicios para la preocupación

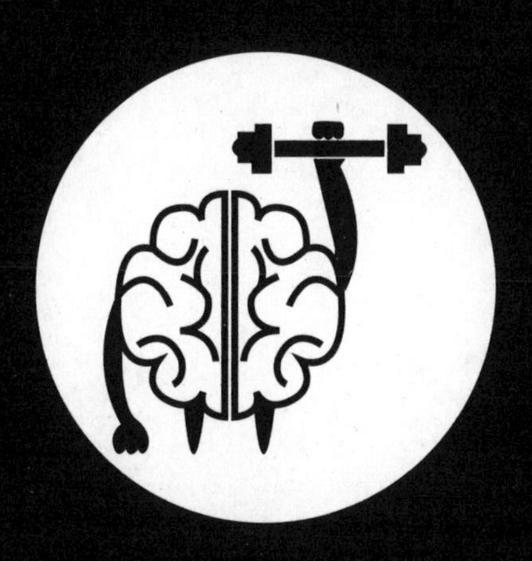

Este capítulo introducirá tres tareas de mantenimiento diarias para reducir tu dosis diaria de preocupación y, de esta manera, volverla cada vez menos molesta. La primera necesita una exposición regular a los pensamientos preocupantes. La segunda es un ejercicio de respiración. Y la tercera es una meditación para el bienestar.

Usa estas técnicas como si se tratara de una vitamina diaria. No son antibióticos o algún medicamento que debas tomar para aliviar un dolor o síntoma. Son algo que haces regularmente, no para obtener un objetivo inmediato y específico, sino por su contribución general a tu salud y bienestar.

Si probaste el experimento del capítulo 8, quizá descubriste que, cuando prestas atención deliberadamente a tu preocupación crónica, sin resistencia ni distracción, tu preocupación pierde un poco de su impacto emocional. Mis pacientes generalmente reportan recibir mayor alivio al preocuparse en forma deliberada que al intentar detener sus pensamientos.

Eso suele sorprenderlos por lo *contradictorio* que es, como seguro adivinaste. Pensaron que recibirían mayor alivio de sus esfuerzos por detener las preocupaciones que por preocuparse a propósito. Pero resulta que lo cierto normalmente es lo opuesto. Es probable que comprendas esto una y otra vez conforme trabajes con tu preocupación crónica. ¡La regla de los opuestos es una de las mejores guías que tienes!

El capítulo 9 ofreció una gran variedad de formas rápidas para responder sobre la marcha, cuando te encuentres rodeado de preocupaciones crónicas indeseadas. Todas incorporan la regla de los opuestos y algunas podrán parecerte absurdas, pero esto no es porque yo sea tonto o porque tú lo seas. Es porque la mayoría del contenido de la preocupación crónica es absurdo, y cuando tomas el contenido sólo por lo que aparenta ser, te conduce a pelear con la preocupación de maneras que la empeoran en vez de mejorarla. Esas respuestas son buenas maneras de rodear el problema. Espero que hayas intentado hacerlas y elegido algunas que puedas llevar a cabo cuando las necesites.

Responder a la preocupación intermitente

Supongamos que eres el gerente de un departamento mediano en tu trabajo. Tienes tus propias tareas, pero también debes supervisar el trabajo de los empleados a tu cargo. Has probado diferentes maneras de encontrar un equilibrio entre comunicarte con tus empleados y terminar de hacer tu trabajo.

Trataste de dejar siempre tu puerta abierta para que pudieran platicar contigo cuando quisieran. Esto los motivaba a mantenerse en contacto contigo y a llamar tu atención cuando hubiera problemas que la requirieran, pero eso también alentó a un sinfín de empleados que sólo querían platicar, quejarse y quedar bien contigo, impidiéndote hacer tu trabajo.

Después intentaste mantener tu puerta cerrada para que no todos entraran, salvo quienes realmente necesitaran algo. Pero eso hizo que tus empleados se reunieran alrededor de tu oficina, haciendo ruido y esperando un momento en el cual les hicieras caso. Los más atrevidos tocaron la puerta o hasta pasaron una nota por debajo de ella. Como resultado, la productividad de todos, hasta la tuya, disminuyó.

En tal caso, podrías probar un tercer método: establecer un horario en el que los empleados puedan llegar a tu oficina y platicar contigo; eso también indicaría una hora en la cual deben irse, a menos que vean señales de humo. Puedes mantener tu puerta cerrada durante gran parte del día para poder hacer tu trabajo y sólo abrirla en las horas establecidas para que tus empleados pasen a verte cuando lo necesiten. Ése es el método que te sugiero para establecer una mejor relación con la preocupación crónica, crear un horario en el que le permitas visitarte.

Es probable que prefieras estar libre de preocupación, pero también ya sabes que evitarla y oponerte a ella sólo le da más energía. Tener citas con la preocupación puede ayudarte, pues están diseñadas para esas preocupaciones persistentes e indeseadas que no te sirven de nada, preocupaciones crónicas del tipo «y si» que no señalan problemas que deben ser resueltos, sino que sólo te fastidian y molestan. Establecer una cita para la preocupación suma a lo que seguramente notaste al hacer el ejercicio del capítulo 8: cuando te entregas a tus pensamientos preocupantes sin resistencia, los dejarás sin poder.

Haz citas para la preocupación

Este tiempo que apartas se lo dejarás exclusivamente a la preocupación. Esta idea podrá parecerte extraña, porque va contra tus instintos naturales, pero así suele verse cuando combates «fuego con fuego».

Combatir «fuego con fuego» no es sólo una metáfora, también es una técnica empleada para controlar los incendios forestales. Involucra quemar deliberadamente todo el material inflamable que de otra manera alimentaría al incendio. Cuando el incendio forestal llega a la parte quemada se detiene, pues no hay nada más que haga que se siga quemando.

La resistencia es el combustible que la preocupación crónica usa para expandirse.

En una cita con la preocupación, que durará alrededor de 10 minutos, te preocuparás. Dale toda tu atención a la preocupación y a nada más. No hagas ninguna otra actividad, como manejar, bañarte, comer, limpiar, mandar mensajes, escuchar música, viajar en tren o cualquier otra cosa que se te pueda ocurrir. Pasa 10 minutos completos preocupándote por lo que normalmente te preocupas. Haz una lista de preocupaciones antes de tu cita para que tengas una agenda a la cual apegarte o usa la lista que creaste en el capítulo 9. No trates de solucionar los problemas, de buscar seguridad, de minimizar los problemas, de relajarte, de dejar tu mente en blanco, de razonar contigo mismo o de hacer algo para dejar de preocuparte. Simplemente preocúpate, lo cual significa recitar en forma repetida muchas preguntas «y si» con posibilidades desagradables.

Al principio esto te podrá parecer extraño y hasta incómodo. Pero si sigues leyendo este libro es porque ya tienes mucha experiencia con la preocupación, y ¡ésta es una oportunidad de usar esa experiencia para tu beneficio!

Haz estas citas con tiempo, dos veces al día, y anótalas en tu agenda. Elige un momento del día en el cual puedas tener privacidad y no tengas que contestar el teléfono, abrir la puerta, hablar con otras personas, atender al perro o a los niños, o cualquier otra cosa. Normalmente es mejor que evites estos momentos del día: justo al despertar, minutos antes de dormir o en cuanto termines de comer.

Mirarte preocupado

Una cosa más: preocúpate en voz alta, frente al espejo.

Ésta es la parte más peculiar, lo sé, pero no la ignores. ¡Es importante!

La ventaja de preocuparte de esta manera es que te permite ser un mejor *observador* de tu preocupación. La mayoría de las preocupaciones son subliminales, ocurren mientras estamos haciendo más de una cosa al mismo tiempo. Nos preocupamos al manejar, en una conferencia, al bañarnos, comer, ver televisión o al hacer algo que no demanda demasiada atención, y ya que no solemos darles nuestra atención completa a las preocupaciones, pueden fácilmente seguir para siempre.

Ya que la preocupación llega en forma de pensamientos subliminales, tiene el poder para influir en nosotros y hacernos, ocasionalmente, asumir que, *si es mi pensamiento, debe tener algo de cierto*. Ignoramos que podemos pensar cualquier cantidad de tonterías, que los pensamientos a veces no son más que síntomas de ansiedad sin mayor fondo.

Cuando te preocupas en voz alta no sólo dices las preocupaciones, también las escuchas. Cuando te preocupas frente a un espejo te ves a ti mismo preocupándote. No sólo te preocupas en el fondo de tu mente. Te estás escuchando y viendo preocuparte. La preocupación deja de ser subliminal y es probable que esto te ayude a tener una mejor perspectiva de ella.

Las citas para preocuparte están estructuradas así de manera deliberada para que la preocupación, de una actividad entre muchas, se convierta en una solitaria en la cual lo único que haces es preocuparte y lo haces completamente consciente y con una atención dedicada sólo a ello.

¿Por qué alguien haría esto?

Verte a ti mismo preocuparte suena, superficialmente, como un ejercicio extraño e indeseado. Necesitarías una muy buena razón para hacer una cita con tu preocupación.

¡Y la hay! Normalmente existe un beneficio que llega durante el resto del día, cuando no estás en tu cita con la preocupación. Cuando te encuentres preocupado fuera de tu cita puedes decidir entre una de las siguientes opciones:

a) Tomarte 10 minutos en ese momento para preocuparte libremente sobre el asunto.
b) Posponerlo hasta tu siguiente cita.

El beneficio. El beneficio inmediato es la capacidad de posponer la preocupación. Muchos de mis pacientes descubren que esto les permite tener grandes periodos de su día relativamente sin preocupaciones. Sin embargo, esto sólo funciona si te preocupas en el tiempo dedicado a las preocupaciones. Si tratas de posponerlas, sabiendo que probablemente no cumplirás la cita para tratar con ellas, es muy posible que este método no funcione para ti. ¡No trates de engañarte a ti mismo!

La capacidad para posponer tus preocupaciones por sí sola y, por tanto, la reducción de la preocupación durante el resto de tu día, probablemente sean razones suficientes para justificar las citas con tus preocupaciones. ¡Pero aún hay más! El uso frecuente de citas para las preocupaciones también te ayudará a cambiar las respuestas automáticas que tienes para la preocupación crónica y a tomar con menor seriedad el contenido de las mismas.

Tomar acción sobre la preocupación es más benéfico que pensar en ella, tratar de razonar con ella o intentar cambiar los pensamientos «en tu cabeza». Las citas con la preocupación son un buen ejemplo de esto. ¿Por qué no lo intentas en este momento? Tómate 10 minutos y haz el ejercicio como lo describí antes y después regresa a terminar de leer el capítulo. Si éste no es un buen momento para hacer una cita con tus preocupaciones, marca la página, agenda una cita para hoy mismo en un momento y lugar convenientes, y después regresa a esta página. Te sugiero que lo intentes. ¡Hacer es mejor que pensar!

Reacciones comunes a las citas con la preocupación

He trabajado con muchos pacientes que llegaron a verme para que los ayudara con su preocupación crónica, y le he pedido a la mayoría que haga estas citas con la preocupación. He escuchado muchos comentarios y reacciones de la gente que las ha probado y normalmente no son las reacciones que esperarías. Cuando sugerí esta técnica por primera vez, ¡una parte de mí esperaba un comentario enojado en el cual me dijeran que era un idiota y que no regresarían! Pero eso no pasó.

Quizá la reacción más común de mis pacientes fue decirme: «Vaya, ¡sí que me costó trabajo tomar 10 minutos!». Al principio esto me confundía porque se trataba de personas que se preocupaban muchísimo, con días completos llenos de preocupaciones. ¿Cómo les podría costar trabajo hacer una cita de 10 minutos? Me llegué a preguntar si era una excusa para no tener que hacer sus citas.

Sin embargo, al explorar más a fondo con los pacientes descubrí que, al empezar su cita con la preocupación y después de un minuto o dos, no encuentran nuevas preocupaciones que agregar. Normalmente, al preocuparse de manera subliminal seguían repitiendo las preocupaciones una y otra vez, y eso era lo que les permitía llenar sus días de preocupación. ¡Repetían constantemente las mismas preocupaciones!

Pero cuando tenían su cita con la preocupación, asumían que debían llenar los 10 minutos con contenido *nuevo,* sin repetirse. ¡Y no podían pensar en tantas preocupaciones!

Esto señala un aspecto muy importante de la preocupación crónica. Aunque las personas suelen creer que se preocupan por periodos extendidos durante el día, realmente son pocas las preocupaciones nuevas que surgen en ese tiempo. Casi todo se trata de una repetición de ese minuto o dos de pensamientos preocupantes. ¡Por eso les costaba tanto llenar 10 minutos!

Así, cuando tengas tus citas con las preocupaciones, no te preocupes por tener nuevas preocupaciones cada vez, haz lo mismo que harías al preocuparte espontáneamente, repite las mismas preocupaciones de siempre. Si tienes dos minutos de material de preocupaciones, repítelo cinco veces, ¡ahí están tus 10 minutos!

Si prefieres, puedes pensar en nuevas preocupaciones. ¡O puedo prestarte de las mías! El contenido de las preocupaciones durante la cita no es más importante que cuando te preocupas normalmente. Lo importante es llenar los 10 minutos con preocupaciones.

Otra respuesta que suelo escuchar es: «No estoy seguro de estar teniendo la misma calidad en mis preocupaciones» o «creo que estoy olvidando algo cuando me preocupo así». Cuando mis pacientes me dicen eso, normalmente les contesto con: «¡Haz tu mejor esfuerzo!». Obviamente estoy bromeando al decirles eso y lo discutimos más a fondo. Esta reacción suele significar que el paciente tiene ciertas creencias sobre la preocupación. Sin pensarlo conscientemente, esta persona ha desarrollado algunas ideas sobre el «valor» de la preocupación y preocuparse en una cita desafía esas ideas.

Esas creencias pueden incluir ideas como «me ayuda a prepararme para lo peor» y «preocuparme significa que me importa». Una persona con la creencia arraigada de que la preocupación puede tener un efecto benéfico en el futuro se sentirá nerviosa cuando empiece a preocuparse menos por miedo a no cuidarse del futuro de la mejor manera. Veremos esas creencias en el capítulo 11.

Las citas con las preocupaciones requieren un compromiso. Sugiero que lo intentes varias veces en los próximos días. Si te funciona de la manera que lo describo en el capítulo, entonces sigue con citas durante las próximas dos semanas. Revisa tus resultados después de esas semanas y toma una decisión sobre si continuarás con las citas o no.

He descubierto que muchas personas quieren abandonar las citas antes de lo que recomiendo, pero está bien. Si, como sucede con frecuencia, descubren que su hábito de la preocupación crónica regresa después de descontinuarlas, siempre pueden reanudar sus citas y apegarse a ellas durante más tiempo. Probablemente sea inconveniente y molesto tener citas en forma regular, y eso puede motivar a las personas a detenerse, aun cuando estén teniendo beneficios. Creo que las personas pueden sentir una mejora más permanente manteniendo sus citas durante varios meses en vez de semanas.

Una buena manera de comprometerte con esto es con un diario en el que enlistes tus citas y anotes tus reacciones tras terminar cada una.

La respiración y la preocupación

La respiración suele verse afectada por la preocupación y la ansiedad. Un ejemplo drástico de esto es cuando una persona sufre un ataque de pánico y siente como si se sofocara por la falta de aire. No es así, nadie se sofoca por culpa del pánico, pero *sí* experimenta una incomodidad al respirar, lo cual lo engaña al hacerlo pensar que una catástrofe está a punto de ocurrir. La gente con preocupaciones crónicas suele experimentar una incomodidad parecida, pero menos dramática, en la respiración. Esto puede incluir síntomas como mareos, vértigos, cosquilleo y adormecimiento de las extremidades, dificultad para respirar hondo, tensión y pesadez, sensación de desmayo y un ritmo cardiaco acelerado.

Estos síntomas no son peligrosos, pero pueden llamar tu atención de maneras que dificultan responderle a la preocupación. Por ello creo que es bastante útil que las personas aprendan un buen ejercicio de respiración. El objetivo de un ejercicio de respiración no es controlarla, sino hacerla lo suficientemente cómoda para volver tu atención a lo que en realidad importa: responderle a tu preocupación crónica.

Quizá ya hayas intentado respirar profundo sin éxito. La razón es que la mayoría de las descripciones de respiración profunda están incompletas. Es posible que te hayan dicho, e incluso hayas leído, que lo único que debes hacer es «respirar profundo». Si eres como la mayoría de las personas, ese consejo no te ha servido de mucho. Es un buen consejo, pero está incompleto. No te dice *cómo* respirar profundamente y eso es justo lo que voy a hacer. Ésta es la clave: cuando sientas que no puedes respirar, es porque se te olvidó hacer algo. *Se te olvidó exhalar*.

Así es. Antes de que puedas respirar profundo tienes que sacar el aire. ¿Por qué? Porque cuando haces respiraciones cortas, poco profundas (desde tu pecho), tratar de cambiar a una respiración profunda resulta muy difícil. Es muy probable que lo único que logres sea tener que respirar con más trabajo y aún en forma superficial desde tu pecho. Te dará el aire que necesitas, pero no se sentirá bien.

Anda, inténtalo en este momento y ve a lo que me refiero. Pon una mano en tu pecho y la otra en tu estómago. Usa tus manos para notar qué músculos estás usando para respirar. Respira poco profundo desde tu pecho varias veces y después trata de respirar profundamente. Te darás cuenta cómo al inhalar sigues usando los músculos de tu pecho en vez de tu diafragma o tu estómago. En cambio, la respiración profunda usa tu estómago.

Cuando haces respiraciones cortas, recibes el aire que necesitas para vivir, pero también te expones a otros síntomas físicos que aumentan tu incomodidad. Podrías sentir dolor en el pecho o pesadez, pues has tensado los músculos de tu pecho hasta un punto incómodo. Podrías sentir mareos o vértigo, ya que las respiraciones cortas producen una sensación de hiperventilación. También podrías experimentar un ritmo cardiaco acelerado y hasta cosquilleo o adormecimiento de las extremidades.

¡Y todo por hacer respiraciones cortas!

Respirar es una atracción secundaria al lidiar con la preocupación crónica. La respuesta más importante es el uso de las técnicas de este libro para desarrollar una relación diferente con la preocupación. Sin embargo, respirar desde el estómago puede ayudarte a manejar los síntomas físicos de la ansiedad mientras aprendes a tener una relación diferente con la preocupación. Úsala cuando lo necesites para conseguir una comodidad periódica (pero no la conviertas en un método más para oponerte o resistir a la preocupación).

Ejercicio para respirar desde el estómago

1. Coloca una mano justo sobre tu cinturón y la otra en el pecho, sobre el esternón. Puedes usar tus manos como un aparato de retroalimentación biológica simple. Tus manos te dirán qué parte del cuerpo, y cuáles músculos, estás usando para respirar.

2. Abre tu boca y suspira ligeramente, como si alguien acabara de decirte algo muy molesto. Al hacerlo, relaja los hombros y los músculos del torso, mientras exhalas. El punto del suspiro no es vaciar por completo tus pulmones. Sólo es para relajar los músculos torácicos.
3. Cierra tu boca y haz una pausa durante unos pocos segundos.
4. Mantén la boca cerrada e inhala *lentamente* por tu nariz, empujando tu estómago hacia fuera. El movimiento de tu estómago precede a la inhalación por una mínima fracción de segundo, pues este movimiento jala el aire hacia dentro. Cuando hayas inhalado la mayor cantidad posible de aire cómodamente (sin usar tu torso), detente. Terminaste con la inhalación.
5. Pausa. ¿Por cuánto tiempo? Tú decídelo. No te voy a dar un tiempo específico, porque todo el mundo cuenta de una manera diferente y todo el mundo tiene pulmones de diferente tamaño. Haz una pausa breve por el tiempo que sientas cómodo. Sólo ten en cuenta que cuando respiras así estás respirando más profundo de lo que estás acostumbrado y por eso es necesario que *respires más lento de lo que estás acostumbrado*. Si respiras de la misma manera que cuando haces una respiración corta, seguramente te sentirás mareado por respirar de más e incluso podrías comenzar a bostezar. No es peligroso, simplemente es una señal de que debes bajar el ritmo. ¡Hazle caso!
6. Abre la boca. Exhala por la boca empujando tu estómago hacia dentro.
7. Haz una pausa.
8. Continúa repitiendo los pasos del 4 al 7.

Inténtalo en este momento. Practica estos ejercicios de respiración por unos minutos.

Deja que tus manos te guíen. Te dirán si estás haciendo bien los ejercicios o no. ¿Dónde está el movimiento muscular al respirar? Recuerda que debe estar en el estómago, tu torso debería estar relativamente inmóvil. Si sientes movimiento en tu pecho o notas que tu cabeza y hombros se mueven hacia arriba, empieza de nuevo desde el paso 1 y practica hasta que tu estómago sea el que haga el trabajo.

Quizá se sienta extraño y difícil las primeras veces, esto se debe a que respirar poco profundo se ha convertido en un hábito para las personas que tienen problemas de ansiedad. No dejes que eso te moleste, sólo significa que necesitas más práctica y ser paciente y persistente. La forma en la que respiras es un hábito y la mejor manera de modificar un hábito es a partir de muchas repeticiones.

Esto no es nada nuevo para ti. Solías respirar de este modo todo el tiempo cuando eras un niño. De hecho, si quieres ver a los expertos en respiración a partir del estómago visita la sala de maternidad de cualquier hospital. Ellos no respiran desde su pecho nunca, sólo desde sus estómagos, que se expanden hacia fuera al inhalar y se contraen al exhalar. ¡Los niños no respiran desde el pecho!

¿Tienes problemas? Consejos para aprender a respirar con el estómago

- Si tienes problemas para redirigir tu respiración del pecho al estómago, practica aislando tus músculos estomacales primero. Entrelaza los dedos sobre tu estómago y practica empujarlos con tu estómago hacia fuera y después hacia dentro sin respirar. Cuando logres eso, empieza a emparejarlo con tu respiración.
- Prueba varias posturas. Si estás sentado, tal vez descubras que reclinarte en la silla hacia atrás o hacia delante con los antebrazos sobre los muslos te acomoda más que estar sentado derecho.
- Recuéstate sobre tu espalda. Pon un libro pesado o cualquier objeto sobre tu pecho para hacer más fácil enfocarte en tus músculos estomacales.

- Acuéstate boca abajo con una almohada debajo de tu estómago y presiona tu barriga contra la almohada.
- Practica frente a un espejo de cuerpo completo para ver lo que haces.
- Si no puedes respirar cómodamente desde tu nariz, por alergias o cualquier otra situación, usa tu boca. Tendrás que inhalar aún más lento para evitar tomar demasiado aire muy rápido.

Sabrás que has dominado esta técnica cuando tu respiración se sienta más relajada y reconfortante.

Formar el hábito

¿Qué tan seguido deberías practicar la respiración profunda? Tan seguido como te sea posible, en sesiones de un minuto o dos, durante dos semanas.

Cuando sea hora de practicar, lo primero que debes hacer es darte cuenta cómo estás respirando. Después suspira y cambia a una respiración de barriga por un minuto mientras continúas haciendo lo mismo que estabas haciendo antes de empezar. No interrumpas tu actividad. ¡Quieres que la buena respiración sea portátil!

Probablemente tengas un mejor resultado si tienes un sistema para recordarte que debes practicar. Aquí hay unos que puedes usar:

- Haz tus respiraciones profundas cada hora, al inicio de la hora, mientras estés despierto.
- Usa sonidos ordinarios u ocurrencias frecuentes en tu vida diaria como señales para hacer tus respiraciones. Por ejemplo, puedes hacer tus respiraciones cada vez que:
  - El perro ladre.
  - Suene el claxon de un coche.
  - Suene el teléfono.

- Alguien camine frente a tu oficina.
- Tu hijo tire su vaso entrenador.
- Recibas un mensaje o un tuit.

- Coloca notas autoadheribles en tu casa, oficina o donde quieras como recordatorio.
- Amarra un listón en tu dedo.
- Usa tu reloj en la muñeca opuesta y respira cada vez que lo notes.
- Pon una alarma en tu reloj o teléfono.

¡Haz esto por dos semanas y estarás en camino de cambiar tu respiración para siempre!

¿Cuánto es suficiente?

La gente siempre quiere saber si deben respirar de esta manera siempre.

La respuesta es no.

Simplemente enfócate en dominar la técnica mediante prácticas regulares y breves. Agrégala a tu lista de respuestas automáticas a la preocupación. Usa tus citas y la meditación de conciencia plena a diario. Usa la respiración del estómago cada vez que lo necesites. Con el paso del tiempo descubrirás que usas esta respiración más y más y la convertirás en un nuevo hábito. Puedes lograrlo naturalmente siguiendo las sugerencias anteriores.

¡No es una bala de plata!

Algunos psicólogos y profesionales de la salud creen que los profesionales, como yo, no deberíamos enseñarles a nuestros pacientes a respirar con la barriga, porque pueden pensar en estas técnicas como una bala de plata, un salvavidas, y usarla de la misma manera que cualquier otra técnica contra la preocupación.

Tienen razón.

Aun así, creo que es útil enseñar esta técnica a la mayoría de mis pacientes ansiosos, pues suelen tener una mala técnica de respiración, una que sólo crea más síntomas físicos relacionados con la ansiedad. Estos síntomas físicos pueden crear más preocupaciones e interferir con tu habilidad para lidiar con la ansiedad. Pero siempre ten presente este punto: la respiración del estómago debe usarse para ayudarte con la preocupación sin enfocarte tanto en miedos irreales de asfixia y otras preocupaciones físicas. La respiración del estómago no te protegerá de las amenazas físicas porque hacer respiraciones cortas no ocasiona desastres físicos.

Meditación de conciencia plena

La gente que no está acostumbrada a la meditación a menudo piensa que esta práctica involucra un estado de paz interior en el cual la mente está en silencio, sin los pensamientos intrusivos que interrumpen nuestra calma interior. Puede ser que hasta hayan intentado meditar, sólo para sentirse desanimados al no lograr la calma y ese estado de paz interior.

La meditación no se trata de esto, al menos no para la mayoría de nosotros. Un monje en un monasterio, que dedica la mayoría de su tiempo a la meditación, puede conseguir largos periodos de paz interior y silencio. Sin embargo, la mayoría de nosotros descubrirá que los pensamientos intrusivos llegan cuando empezamos a meditar y a silenciar nuestra mente. Por esta razón la meditación consiste en notar y observar de forma pasiva todos los pensamientos que aparecen cuando intentas conseguir paz interior.

Este caso es particularmente cierto con la meditación de conciencia plena, pues es un proceso de observación pasiva de los pensamientos que entran y salen mientras tratas de enfocarte en algo básico, como tu respiración. No trates de discutir con esos pensamientos, de silenciarlos ni de eliminarlos de ninguna manera. Simplemente obsérvalos.

Fui a un taller de meditación hace varios años durante una conferencia. El taller se llevó a cabo en un salón al lado de otro taller en el cual el ponente hablaba con una voz potente. Podía escuchar todo lo que el orador decía mientras trataba de seguir las instrucciones de la meditación. Me enfoqué en mi respiración, pero seguía pensando en lo estúpido que era haber hecho esos talleres en salones tan cercanos y esos pensamientos interrumpían mi meditación. Pensé en lo que decía el otro orador (a quien conocía personalmente) y me enojé con él. Me enojé con el líder de mi taller por pedirnos que meditáramos en un ambiente tan ruidoso y me enojé con los organizadores de la conferencia por elegir una instalación tan inadecuada. Probablemente por fuera me veía tranquilo y hasta contemplativo, sentado ahí con los ojos cerrados, pero por dentro tenía una tormenta de pensamientos, trataba de meditar mientras mis pensamientos infelices y enojados se volvían cada vez más ruidosos y numerosos. Al terminar de criticar el taller, la conferencia, a los organizadores y las instalaciones, mis pensamientos se tornaron hacia mí. ¿Cuál es tu problema*, que no puedes sentarte aquí y relajarte*? Estaba tomando con seriedad los pensamientos de levantarme e irme cuando note que otros pensamientos pasaron por mi horizonte mental: *Así es como eres*. Ese simple pensamiento me permitió notar y aceptar mis limitaciones y regresé a observar mis pensamientos. Ésa es la meditación.

En esta sección encontrarás una práctica simple de meditación de conciencia plena que puede ayudarte a cambiar tu relación con la preocupación crónica. (También encontrarás una grabación de esto en el sitio web del libro: http://www.newharbinger.com/33186). A algunos de mis lectores les gustará tanto que se motivarán a investigar más sobre la meditación, para involucrarla cada vez más en su estilo de vida. ¡Eso sería fantástico! La meditación tiene muchos beneficios. Para algunos esta forma simple de meditación será lo único que necesiten.

¿Quieres intentarlo?

¿Encuentras de inmediato, en tu mente, razones para posponer algo o «pensarlo bien» antes de experimentar con eso? No te preocupes, es algo común. Puedes notar ese pensamiento por lo que es, un pensamiento, sin pelear con el contenido aparente del mismo. En otras palabras, puedes tener el pensamiento de querer esperar un mejor momento u oportunidad para meditar, y de todas maneras hacer este experimento en este momento. Nadie dice que debes hacer un trabajo excepcional o elegir el mejor momento para hacerlo. Sólo es un experimento.

¿Qué dices? ¿Tienes una buena razón para esperar? ¿Estás en un tren o sentado en la sala de espera de un consultorio? ¿Tienes dolor de cabeza o crees que lo harías mejor en otro momento? ¿Estás demasiado inquieto, cansado o hambriento? ¡Ésos son pensamientos excelentes! Puedes tener esos pensamientos y también puedes hacer el experimento. Si estás dispuesto a hacerlo, hazlo y practica decir: «sí, y» en vez de «sí, pero».

Aquí está el ejercicio:

1. Siéntate cómodamente en silencio en algún lugar en el que puedas estar cinco o 10 minutos sin interrupciones.
2. Toma un minuto o dos para relajarte, siéntate derecho, pero cómodo, y préstale atención a tus pensamientos y sensaciones. Cerrar los ojos puede ayudarte, hazlo si quieres.
3. Pon un poco de atención a tu respiración. Deja que tu atención siga tus inhalaciones y exhalaciones. Nota cómo el aire pasa por tu nariz, garganta y pulmones. Nota el movimiento de tu barriga al expandirse y contraerse. Deja que tu atención se enfoque cada vez más en esas sensaciones mientras dejas de prestarle atención a los sonidos del cuarto en donde estás. Si no quieres enfocarte en tu respiración, usa el sonido de un ventilador o algo similar.
4. Experimenta breves momentos de silencio y también pon atención, ligeramente, a esa experiencia. Tarde o temprano,

probablemente más temprano que tarde, el silencio interior será interrumpido por pensamientos automáticos. Simplemente nota esos pensamientos sin involucrarte demasiado en juzgarlos. Tan sólo permite que tu atención regrese pasivamente a concentrarse cuando sea interrumpida o distraída por tus pensamientos. Para la mayoría de las personas la meditación no es lograr silencio interior. *Es notar los pensamientos que llegan a tu mente cuando buscas el silencio interior*.

5. Los pensamientos interruptores pueden exigir tu atención. Observa la forma con la cual intentan llamar tu atención, ya que los pensamientos pueden personificar no sólo preocupaciones sino opiniones, críticas, enojos, arrepentimientos y más.
6. Pon atención en los pensamientos de la misma forma que notas las gotas de lluvia o los copos de nieve golpear tu parabrisas, prestándoles atención brevemente hasta que el limpiaparabrisas los despeja y son reemplazados con nuevas gotas y copos. No necesitas involucrarte con cada copo para saber que está lleno de nieve, así como no tienes que involucrarte a fondo con cada pensamiento para saber que está lleno de preocupación, opiniones y críticas, e involúcrate más en tus pensamientos mientras entran y salen de tu cabeza. Es suficiente con que notes su entrada y salida.

¡Listo, ya meditaste!

¿Qué dices? ¿Que no te sientes más relajado? Está bien. Si hubieras hecho tu primer ejercicio de abdominales, tu estómago tampoco se sentiría más fuerte. Pero con un poco de tiempo y repetición, es probable que notes algunos cambios graduales.

¿Te molesta cómo los pensamientos interrumpieron tus esfuerzos por relajarte? Está bien. Recuerda, la meditación es sobre observar pasivamente los pensamientos que interrumpen el silencio. Si experimentas reacciones de molestia o una necesidad de resistirte, también puedes observar esos pensamientos.

¿Sientes como si no hubieras hecho nada? Está bien. Ésta es una breve introducción a la experiencia de la ausencia de esfuerzo y a la simple observación de los pensamientos como lo que son: pensamientos, en vez de como mensajes o advertencias importantes. Si estás acostumbrado a responder a tus pensamientos automáticos, puede ser que sientas esto como «hacer nada».

¿Te quedaste dormido? Bueno, ése sí es un problema. No puedes meditar si estás dormido. Tal vez tengas que probar una silla diferente, una que no te permita dormir tan fácilmente, o tal vez puedas sentarte en el piso usando la pared como respaldo.

Adquiere el hábito

¿Por qué no intentas conseguir un poco de experiencia en este proceso? Una vez al día, toma de cinco a 10 minutos para meditar. Tómate ese tiempo para llevar a cabo los pasos mencionados. Es posible que tengas pensamientos sobre lo bien o mal que hiciste el ejercicio y puedes observarlos al igual que a los demás. Sólo crea el tiempo necesario para hacerlo, sigue los pasos y dale oportunidad al hábito de que se desarrolle. Después de que te acostumbres al hábito, aumenta el tiempo del ejercicio de 10 a 20 minutos al día.

Nuestros días están llenos de actividades que *tenemos* que hacer, y es fácil olvidar que también hay actividades que debemos *permitir* que pasen. La gente que experimenta preocupación crónica probablemente piensa que necesita controlar los pensamientos que tiene y tener los pensamientos que desea tener, en vez de tener los que ocurren de manera espontánea. Y eso no suele funcionar tan bien.

El principal beneficio de añadir esta técnica a tus actividades diarias es que te ayudará a convertirte en un mejor observador imparcial de tus pensamientos. Con el tiempo mejorarás tu habilidad para observarlos sin involucrarte en su contenido.

Las personas que tienen problemas con la preocupación crónica suelen ser más indecisas para probar la meditación, pues tienen pensamientos que sugieren que al meditar encontrarán más pensamientos desagradables, con los cuales tendrán más problemas. Mi experiencia me dice que las personas suelen descubrir que ocurre lo opuesto. La meditación normalmente hace que las personas acepten y toleren más cualquier pensamiento que se encuentre en su mente.

¡Es la regla de los opuestos!

Piénsalo

Este capítulo presentó tres actividades que puedes usar en tu vida diaria para ayudarte a moderar la cantidad de preocupación que experimentas en el día a día. Éstas pueden ser la base para crear un buen programa para mantener tu relación con la preocupación crónica bajo control.

CAPÍTULO 11

El parásito de la preocupación

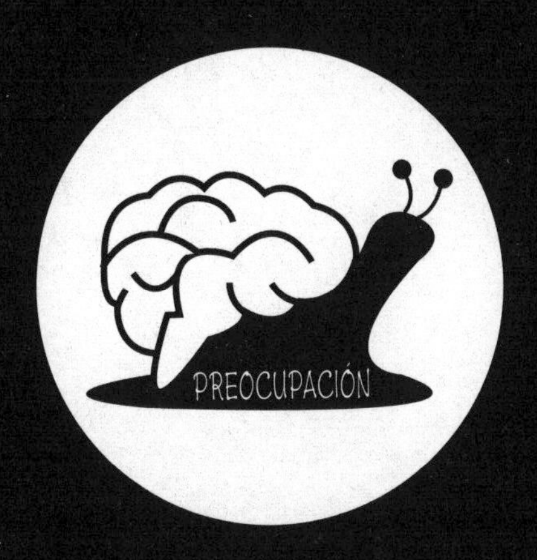

La preocupación crónica es como un parásito dedicado a persuadir al huésped, ¡ése eres tú!, para que dedique tiempo y energía en producir y mantener la preocupación, en vez de en perseguir los sueños y deseos que tiene para su vida. Este capítulo te mostrará cómo lograr esto último y te mostrará una salida.

Pero primero quiero contarte la historia de una lombriz parasitaria cuyo nombre formal es *Leucochloridium paradoxum*.

Sí, ya sé, ni a mi familia le interesó esta historia, pero creo que en cuanto la leas tendrás una mejor apreciación de lo que está involucrado y de cómo se juega el juego de la preocupación.

Cómo un parásito se apodera de un caracol

Esta lombriz parasitaria es una criatura microscópica que suele vivir dentro de los caracoles ámbar. Pasa la mayoría de su ciclo de vida dentro de estos moluscos, pero cuando llega el momento de reproducirse y procrear bebés parásitos, sólo puede lograrlo en el estómago de un pájaro, su ambiente preferido. Ahí puede vivir del alimento del pájaro y tener un hogar seguro para poner sus huevos y criar a una nueva generación de parásitos. Los huevos que pone regresarán al suelo en las heces del pájaro.

El parásito pasa gran parte de su ciclo de vida dentro de un caracol que se arrastra por el suelo, debajo de rocas y hojas. Así que, quizá te preguntes, ¿cómo logra entrar en el estómago de un pájaro?

Los caracoles ámbar comen heces de pájaro. Cuando esas heces contienen los huevos del parásito, lombrices bebés nacen dentro del caracol y empiezan con su perverso plan de control mental.

Lo primero que hacen estas lombrices es localizar el cerebro del caracol y, si alguna vez has tenido problemas para encontrar un objeto pequeño en tu casa, ¡ya te imaginarás lo difícil que es hallar el cerebro de un caracol! Pero lo encuentran y lo infectan con una sustancia hormonal, un neurotransmisor.

La sustancia química que la lombriz lleva al cerebro del caracol lo hace actuar de manera diferente. El caracol deja de moverse a paso lento y aumenta su velocidad. Todas las actividades que sirven para los propósitos del parásito son maximizadas y todas las actividades que sólo sirven al propósito del caracol son reducidas o eliminadas. El caracol deja de buscar una pareja con la cual reproducirse. Se enfoca únicamente en moverse lo más rápido posible y comer.

¡Pero eso no es todo! Ahora, bajo el control mental de la lombriz, el caracol tiene una nueva percepción de la vida.

El caracol tiene la habilidad de cambiar su color. Normalmente prefiere colores opacos, aburridos, elige un color café de entre mil posibles para camuflarse en su ambiente y ocultarse de sus depredadores. Pero, ahora, el caracol «piensa»: «¡Siempre he querido tallos oculares llenos de color!». Sus tallos oculares resaltan con un color brillante y la lombriz llega a los tallos oculares del caracol. Normalmente el caracol puede retraer sus tallos oculares a su gusto, pero la lombriz los hincha y engorda tanto que esto resulta imposible. La lombriz se mueve en los tallos oculares y los hace palpitar para dar la apariencia de estarse moviendo, de modo que para el resto del mundo se ven como orugas. (¡Busca *Leucochloridium paradoxum* en línea si quieres ver videos!).

Bajo la continua influencia de la lombriz, el caracol ahora piensa: «¡Siempre he querido tomar un baño de sol!». Así que el caracol, que antes prefería quedarse en lugares oscuros y húmedos, ahora trepa a la cima de un árbol y toma el sol, exhibiendo sus brillantes tallos oculares con forma de oruga.

¡Y antes de que te des cuenta, los parásitos están en la barriga de un pájaro! Los pájaros no suelen comer caracoles, pero son tan atraídos por sus tallos oculares que lucen como orugas que se los comen con gusto, dejando al caracol sin ojos, pero con la posibilidad de que le crezcan unos nuevos. Esto sucede una y otra vez por el resto de la vida del caracol. Se convierte en un caracol zombi, al servicio de más parásitos.

El parásito literalmente secuestra el plan de cuidado personal del caracol, que ahora actúa de maneras que ayudan a conseguir el propósito y los intereses de la lombriz parasitaria, en vez de su propio propósito e intereses.

Eso es lo que hace la preocupación crónica. Literalmente secuestra tu plan de cuidado personal y te obliga a servir a su mantenimiento, en vez de a tus planes, sueños, esperanzas y aspiraciones. Así de insidiosa es. Tu vida se enfoca más en la preocupación que en tu trabajo, relaciones, diversión e intelecto, todo lo que hace que vivir valga la pena.

Cómo la preocupación se adueña de tu vida

¿Cómo sucede esto? ¿Y cómo puedes revertir este proceso y recuperar el control de lo que haces con el tiempo y la energía en tu vida?

Probablemente te das cuenta de que tu vida ha sido secuestrada al pensar en cuánto tiempo y energía pasas no sólo preocupándote, sino probando las técnicas antipreocupación que vimos en el capítulo 3. ¿Qué hacías antes con todo el tiempo y la energía que ahora dedicas a la preocupación y a tratar de controlarla? Probablemente *hacías* más cosas, cosas que eran importantes para ti como padre de familia, esposo, amigo, vecino, empleado o cualquier otro papel en tu vida. Tenías intereses, pasiones y ambiciones que querías seguir y las cuales probablemente perseguías y hacías con menos discusiones mentales de las que experimentas ahora.

No es que no te preocuparas por nada. Sin duda lo hacías, porque todo el mundo se preocupa hasta cierto punto, pero era más probable que hicieras las actividades importantes para ti. Dabas el discurso que debías dar frente a los padres de familia, o donde fuera, aunque hablar en público te pusiera nervioso ibas de vacaciones a un lugar desconocido, aunque tuvieras miedo de perderte o sentirte fuera de lugar; vendiste tu casa y te mudaste a otro lugar, aunque dudaras si en verdad era lo mejor; ibas a una cita anual con tu doctor, aunque tuvieras miedo de que pudiera darte alguna mala noticia; mandabas tu solicitud para un trabajo nuevo, aunque estuvieras nervioso de ir a la entrevista o no estuvieras seguro de que fuera el momento correcto para cambiar de empleo.

Los efectos parasitarios de la preocupación

Cuando te enredas con la preocupación crónica no sólo perturbas tu paz mental, ésta conlleva cambios sistemáticos en tu forma de pensar y comportarte, igual que la lombriz parasitaria cambia el comportamiento del caracol. Estos cambios no mejoran tus valores o aspiraciones, sólo promueven el mantenimiento de la preocupación, igual que los cambios en el caracol son para beneficio de los intereses de su parásito, no del caracol.

La preocupación crónica redirige la mayor parte de tu tiempo, atención y energía a la preocupación en vez de a tu vida. Te lleva a pasar más tiempo «en tu cabeza», en tu mundo interior, tratando de acomodar tus pensamientos como crees que deberían ser, peleándote y enojándote con la preocupación en vez de pasar más tiempo en tu mundo exterior, disfrutando de la vida, siendo un buen padre de familia, un buen amigo, un buen empleado, un buen vecino o lo que sea que hayas querido ser. Te lleva a invertir tu tiempo y energía en preocuparte y en pelear con la preocupación, en vez de ser la persona que quieres ser y de vivir la vida que deseas.

Esta invasión empezó con ciertas creencias

¿Cómo hace la preocupación crónica para secuestrar tu agenda? El secuestro del caracol empieza cuando ingiere los huevos parasitarios. Tu secuestro empezó cuando adoptaste y desarrollaste ciertos tipos de creencias sobre la preocupación. Con el paso del tiempo, incluso tan atrás como en tu niñez, desarrollaste creencias sobre la preocupación. Típicamente rara vez notas estas creencias o reflexionas sobre ellas, y tienen una fuerte influencia en tu manera de pensar y actuar. Gran parte de su poder está en que rara vez las notas o reflexionas sobre los pensamientos, y por eso ejercen una poderosa influencia subliminal, en forma muy parecida a la propaganda.

Todas estas creencias tienen un aspecto irónico porque todas consideran que la preocupación tiene valor. Probablemente te suene tonto escuchar eso, porque ¿no todos se dan cuenta de que la preocupación es una actividad inútil? ¿No es esa la razón por la cual las personas con problemas de preocupación crónica buscan superarla, porque se dan cuenta de que es una distracción inútil de su tiempo y energía? Pero no es tan simple como eso. Si consideras con atención tus reacciones ante la preocupación, creo que encontrarás evidencia de que, sin importar lo que puedas decir o pensar acerca de que la preocupación es absurda o carente de sentido, en realidad te comportas, en algunos momentos, como si la preocupación tuviera un valor importante y poder propio.

Las personas no suelen hablar de estas creencias con alguien más, y a menudo no piensan en forma directa en las mismas. La mayoría no les recomienda la preocupación a sus amigos y probablemente tú tampoco lo hagas. A primera vista, cuando veas estas creencias más adelante, es posible que las descartes, como si no tuvieran nada que ver contigo, pero reflexiona en cada una al menos por un momento.

Esperar lo peor me ayuda

He hablado con muchas personas suscritas a esta idea. Les parece que, si esperan lo peor, nunca serán sorprendidas ni experimentarán un sentimiento devastador por un mal evento. Para ellas la preocupación es una especie de ensayo para los malos eventos que pueden suceder en el futuro; estudian sus diálogos, la escena y sus reacciones probables; sienten temor ahora, pensando que eso los protegerá de algo malo, algún día, como si la preocupación fuera una vacuna contra un sentimiento agobiante en el futuro.

Las personas que dejan que esta creencia influya en ellas no suelen ser optimistas. Sospechan del optimismo porque creen que el Universo, o Dios, eventualmente «equilibrará las cosas», dándoles algo malo por sentirse optimistas. Encuentran un aspecto supersticioso en ello, como cuando la gente «toca madera» al decir algo optimista y espera prevenir que el tiro que significa esa declaración le salga por la culata.

Es posible que también piensen que Dios, o el Universo, les dará algo bueno por sentirse pesimistas. Piensan que «esperar lo peor» es un tipo de preparación para los malos eventos, una forma de «saldar cuentas».

Preguntas para considerar

- ¿Alguna vez te has sentido un poco nervioso por expresar una predicción optimista o tener un pensamiento optimista?
- ¿Alguna vez has sentido como si debieras hacer algo para «deshacer» ese pensamiento, algún tipo «toco madera»?
- ¿Alguna vez has vivido eventos difíciles sin sentirte emocionalmente molesto, como la muerte de un padre o la pérdida de un trabajo, porque te preocupaste lo suficiente antes de tiempo?
- ¿Has experimentado eventos difíciles en tu vida que no anticipaste? ¿Pudiste manejar el malestar emocional a pesar de que no te preparaste preocupándote?

- ¿Alguna vez te preocupaste de más por eventos que nunca ocurrieron? (Pensaste: «Aún no han pasado, ¿verdad?»). ¿Qué porcentaje de cosas por las cuales te preocupas suceden en verdad?

¿Quieres hacer un experimento?

Trata de tener pensamientos optimistas para ver si el simple hecho de tener pensamientos positivos te pone un poco nervioso.

> Mis hijos serán felices y saludables todos los días de esta semana, sin problemas.
> Sé que tengo una salud excelente y no me enfermaré.
> Todos mis amigos y familiares estarán a salvo esta semana.

Mantén estos pensamientos en la mente durante varios minutos y descubre cómo te sientes con ellos. Si estos pensamientos te hacen sentir un poco incómodo, probablemente se deba a que tiendes a creer, en algún nivel, que «esperar lo peor te ayuda».

Mi preocupación puede influir en eventos futuros

Cuando estás bajo la influencia de esta creencia sueles actuar como si el simple hecho de preocuparte pudiera cambiar el futuro y prevenir la aparición de malos eventos que de otra manera habrían sucedido. No me refiero a situaciones en las cuales tus pensamientos te lleven a tomar acciones que influyan en el futuro. Me refiero a las personas que tratan la preocupación en sí como algo que puede afectar el futuro.

Esta creencia puede hacer que la preocupación parezca una espada de doble filo. Por un lado, si te preocupas por las cosas «correctas» tal vez esa preocupación evite que sucedan cosas malas. Por otro lado, si no te preocupas por ellas, probablemente eso haga que sucedan. ¿Cómo puedes saber si te preocupas de lo correcto? ¡Esta idea sin duda hace que preocuparse parezca importante!

Ahora, si esta idea fuera verdad, no invertiríamos miles de millones de dólares en el ejército, sólo tendríamos que organizar a nuestros ciudadanos para que se preocupen por la guerra. ¡Enlistaríamos preocupones en vez de guerreros! Pero entonces tendríamos que preocuparnos por saber si estamos previniendo la guerra o causándola.

Por más improbable que parezca, muchas personas suscriben esta idea, a veces de manera supersticiosa. Podrían incluso sentirse nerviosos al darse cuenta de que se están preocupando menos, como si hubieran dejado de pagar sus deudas y ahora tuvieran que pagar el monto total de inmediato.

Preguntas para considerar

- ¿Alguna vez te has dado cuenta de que ya no estás preocupándote por algo que antes te preocupaba demasiado?
- ¿Te hizo sentir nervioso?
- ¿Te sentiste un poco irresponsable, como si no estuvieras haciendo tu trabajo?
- ¿Pensaste en reanudar tus preocupaciones de inmediato? ¿Lo hiciste?

Si algo malo pasara y no me hubiera preocupado por ello, me sentiría culpable

Esta creencia te lleva a tratar la preocupación como un deber o tal vez hasta como una actividad benéfica. Si eludes tu deber, cosas malas pasarán y será tu culpa.

Es verdad que si hay algo que se supone debes *hacer* (como regar tus plantas) y no lo haces (y se mueren), entonces es tu culpa. Pero hay una gran diferencia entre preocuparse y hacer.

Preguntas para considerar

- ¿Alguna vez este pensamiento te ha llevado a la preocupación?
- ¿Alguna vez te has sentido culpable por no haberte preocupado por algo que pasó?
- ¿Les pediste disculpas a las personas dañadas o molestas por el evento que sucedió? ¿Trataste de enmendarlo?
- ¿Pudiste perdonarte?

Preocuparme muestra que me importa

Esta creencia es muy común y muestra cómo fallamos al reconocer la importante diferencia entre los pensamientos y la acción.

Si tienes hijos tal vez quieres ser un padre cariñoso y que tu familia y amigos te vean como tal. La mejor forma, quizá la única, de juzgar qué tanto quiere un padre a su hijo es viendo sus acciones. ¿Intentan cumplir con las necesidades físicas y emocionales de sus hijos? ¿Hacen un esfuerzo equilibrado por ayudar a su hijo y fomentar su independencia? ¿Hacen el difícil esfuerzo de comunicarse con su hijo a través de las diversas etapas de desarrollo de la niñez?

El cariño se demuestra con hechos, pero en nuestra cultura sí le atribuimos alguna característica positiva a la preocupación. Es muy común que las personas piensen automáticamente, casi como si fuese un reflejo, que el cariño se demuestra con preocupación.

Preguntas para considerar

- Si te dijeran que un vecino nunca se preocupa por sus hijos, ¿pensarías que se trata de algo bueno o malo?
- ¿Te gustaría ser conocido como alguien que no se preocupa por sus hijos?

- Si tu pareja te dijera: «creo que nunca te preocupas por mí», ¿lo tomarías como un cumplido o como una queja?

Los pensamientos siempre son importantes

Es una debilidad básica de la humanidad asumir que los pensamientos siempre son importantes y, específicamente, que tus pensamientos son en particular sabios e importantes. Es un tipo de vanidad. Nuestro cerebro produce pensamientos y si queremos evaluarlos debemos usar el órgano que los produjo. ¡Por eso creemos que son más importantes de lo que realmente son!

Si alguna vez has tenido una canción que no puedes sacarte de la cabeza, has experimentado que algunos pensamientos, como la letra de una canción, se quedan atorados en tu cabeza a pesar de su falta de importancia.

Cuando anticipas un encuentro potencialmente difícil, como ir con tu jefe para pedirle un aumento o hablar con tu vecino sobre su ruidoso perro, probablemente notes que los pensamientos de cómo sucederá la conversación inundarán tu mente.

¿Qué tan seguido resultan ser certeros esos pensamientos? Y ¿qué tan seguido el encuentro resulta como lo anticipaste?

Soy responsable de mis propios pensamientos

Si pudieras elegir qué pensamientos tener y qué pensamientos no tener, quizás esta idea resultaría ser cierta. Sin duda, sería bueno usar tus poderes de control mental sabiamente, si tuvieras tales poderes y si tus pensamientos afectaran a las personas que amas.

¿Afectan tus pensamientos a la gente de tu alrededor?

¿Puedes controlar tus pensamientos?

Veamos. ¿Puedes tener en la mente una bandera sin los colores rojo, blanco o azul?

Creo que encontrarás, cuando consideres estas preguntas, que tus pensamientos no tienen influencia en nadie más, a menos que decidas compartirlos y, aun así, compartir tus pensamientos con alguien más tiene efectos impredecibles.

Creo que también descubrirás que, si bien puedes aplicar tus pensamientos a un problema, como resolver un crucigrama o calcular tus impuestos, también hay pensamientos que suceden de manera espontánea, aun cuando deseas que no sea así.

¿Qué creencias tienes sobre tus pensamientos?

Haz una lista de las creencias que tienes sobre la preocupación. Esto te dará la oportunidad de decidir cómo quieres relacionarte con esas creencias. ¿Quieres seguir actuando conforme con tus creencias? ¿Quieres jugar con ellas? ¿Qué sugeriría la regla de los opuestos sobre estas creencias?

Piénsalo

La preocupación crónica puede infiltrar tus creencias y tu vida lentamente, casi de manera invisible, de manera que secuestre las esperanzas y los sueños que tienes para tu vida, y te vuelve un agente de la preocupación, en vez de una persona que vive la vida como quiere. Identificar estas creencias y aplicar la regla de los opuestos puede hacer por ti lo que la muerte de los parásitos haría por el caracol ámbar.

CAPÍTULO 12

Rompiendo la trampa del secreto

Cuando tienes un problema constante con la preocupación crónica, probablemente te sientes frustrado porque tus amigos y seres queridos «no entienden» este problema. Constantemente ofrecen soluciones ingenuas, como: «no te preocupes tanto» o incluso llegan a insinuar que es tu culpa. Podrían estar confundidos genuinamente sobre cómo ayudarte, a veces diciendo lo que creen que quieres oír para tratar de calmarte y en otras ocasiones negándose a discutir el problema. Este capítulo propone varias formas en las cuales puedes encontrar el apoyo que necesitas para mejorar tu relación con la preocupación.

¿Te estás quedando con tus preocupaciones?

¿Quién sabe del problema que tienes con la preocupación crónica? ¿Qué saben del problema?

Si eres como la mayoría de las personas con preocupación crónica, no le has contado a mucha gente, por un sinfín de razones. Tal vez sientas vergüenza y miedo de que los demás dejen de respetarte si saben que tienes problemas con la preocupación. Tal vez no quieras que los demás se preocupen por ti. Tal vez tienes miedo de hablar acerca de tu preocupación, pues eso la haría empeorar de alguna manera, y creer que con sólo reconocerla en voz alta se convertirá en un problema aún más grande, o si alguien más se entera de tu preocupación, te preguntará constantemente si estás preocupado, lo que sólo alimentará tu preocupación.

Regresaremos a esos pensamientos más adelante. Primero quiero dirigir tu atención a lo que la necesidad del secretismo revela acerca de tu preocupación. La mayoría de las personas que tienen problemas con la preocupación, o cualquier tipo de ansiedad, suelen conservarlo en secreto. ¿Qué puedo saber de un problema si estoy motivado para mantenerlo en secreto? ¿Qué tipo de problemas guardamos en secreto?

Piensa en eso un poco mientras te cuento de alguien que mantuvo su preocupación en secreto. Allan (no es su nombre verdadero) solía tener una preocupación persistente sobre la contaminación por culpa de una sustancia dañina. Su preocupación no era que él se contaminara o por un descuido contaminara a algo o a alguien más. Su preocupación era estar presente cuando la contaminación se convirtiera en un peligro para las personas; si no la notaba a tiempo, no lograría tomar las acciones necesarias para proteger a los demás. Entonces, temía cargar con la culpa de haberles fallado a quienes fueron dañados por la contaminación.

Incluso a él le parecería poco probable, pero nunca podía «estar seguro», al mismo tiempo que sentía que la posibilidad de que las personas se lastimaran dependía de que cada vez él pudiera estar seguro de que fuera posible. Una tarde estaba en una fiesta y notó lo que él creyó que era un vaso de unicel contaminado, justo al lado del tazón del ponche. Me describió cómo caminó por el cuarto y se paró justo frente al tazón del ponche para que nadie pudiera ver lo que estaba haciendo. De espaldas, contó los vasos de unicel hasta que llegó al que sospechaba que estaba contaminado y lo quitó de ahí. Discretamente lo rompió en su mano y lo guardó en su bolsillo para después poder tirarlo cuidadosamente.

Cuando Allan terminó de contarme su historia, reconocí sus buenas intenciones al tratar de proteger a las personas del vaso contaminado. Le pregunté por qué no había simplemente caminado al tazón y anunciado la presencia del vaso contaminado, para después destruirlo mientras los demás miraban.

Allan se rio y dijo: «¡Eso hubiera sido muy vergonzoso! ¡El vaso probablemente no tenía nada malo!». *Eso* es lo que la necesidad de mantenerlo en secreto puede decirte de tu problema; normalmente hay algo extraño sobre esa preocupación, algo que no tiene sentido cuando lo piensas mejor. Es eso lo que te motiva a mantenerlo en secreto.

Manteniendo secretos

¿Eso podría ser tu experiencia personal? ¿Encuentras la motivación para mantener tus preocupaciones en secreto porque hay algo sobre ellas que no tiene mucho sentido? Si ése es tu caso, sentir la necesidad de mantenerlo en secreto puede ser un recordatorio de que hay algo raro con tu preocupación, que es sólo una invitación a «fingir… algo malo», como vimos en el capítulo 6 al analizar las oraciones preocupantes.

Cuando sientas la necesidad de esconder tu preocupación, puedes tomarlo como un valioso recordatorio de que simplemente estás nervioso. Por eso te preocupas, porque estás nervioso, no porque te estés enfrentando con un problema real en el mundo exterior.

Probablemente prefieras ni siquiera notarlo, pero es de gran ayuda advertir tu nerviosismo. Saber que te sientes nervioso puede ser un buen recordatorio para recordar los pasos ¡AJÁ!

Acepta y reconoce.
Júntate con tus pensamientos y sígueles la corriente, como si fueran el tío Discusión.
Actívate, empieza a hacer cosas que realmente te interesen de tu «mundo exterior» (y, si es necesario, lleva contigo las preocupaciones).

Secreto y vergüenza

Una de las principales razones por las que las personas mantienen sus preocupaciones en secreto es porque se sienten avergonzadas de la cantidad de preocupaciones que tienen. Temen que los demás los humillen o critiquen si se enteran de la preocupación. Es un tipo de protección anticipada a la humillación y a la crítica. Éste suele ser el principal efecto que las personas esperan al mantener sus preocupaciones en secreto: prevenir la humillación y la vergüenza.

Tal vez logres evitar la humillación y la vergüenza, aunque eso suele ser un efecto temporal para la mayoría de los preocupones. Siempre están preocupados por revelar accidentalmente su naturaleza preocupante en cualquier momento y por eso es difícil que encuentren comodidad duradera al guardar el secreto. Pero los efectos principales no cuentan la historia completa.

Si alguna vez has visto cualquier comercial televisivo de medicamentos, probablemente hayas escuchado de los efectos secundarios. Quizás hayas visto el comercial para un medicamento diseñado para solucionar un problema específico, como el reflujo ácido o la disfunción eréctil. En la parte inferior de la pantalla, en letras muy pequeñas, aparece una lista muy larga de efectos secundarios. A veces suenan muy desagradables o hasta peligrosos, incluso peores que el problema que la medicina supuestamente alivia. Como consumidor es tu tarea decidir si el beneficio del medicamento es mayor que el problema que puedas experimentar por los efectos secundarios.

También hay efectos secundarios al esconder tu problema con la preocupación. Sería bueno que consideraras esos efectos secundarios al evaluar si el secreto es una estrategia útil para ti o no. Aquí encontrarás algunos de los efectos secundarios.

Imaginar lo peor. Esconder tus preocupaciones hasta de las personas más cercanas a ti te priva de cualquier retroalimentación que pudieras obtener al compartir la información. Estás solo para descubrir lo que tus preocupaciones podrían significar para ellos y cómo verían tus dificultades. Ya que la preocupación siempre exagera lo negativo y hace que lo improbable parezca bastante probable, tu suposición de cómo las personas responderían a tus preocupaciones probablemente sea exagerada y desproporcionada. Son muy altas las probabilidades de que tu suposición sobre lo que las personas piensan de ti y de tus preocupaciones sean peores de lo que realmente pensarían y dirían si supieran. Así que no te queda más que imaginar lo peor, en vez de algo mucho más realista.

Sentirte como un fraude. He trabajado con muchos preocupones crónicos. La mayoría de ellos eran exitosos en diferentes áreas de su vida, con grandes logros en su historial. Sin embargo, difícilmente podían sentirse bien sobre sus éxitos. Estaban preocupados con este pensamiento: «Si las personas supieran lo mucho que me preocupo, pensarían muy mal de mí». Literalmente se creían un fraude y esa creencia era un efecto secundario negativo del secreto que mantenían.

Mayor preocupación. Cuando tienes un secreto que guardar naturalmente aumenta tu preocupación porque a menudo te preocupa la posibilidad de revelar tu secreto por accidente.

Aislamiento social aumentado. La preocupación crónica interfiere naturalmente con la interacción social porque te lleva a pasar más tiempo «en tu cabeza», discutiendo con tus pensamientos, en vez de interactuando con otras personas. Las personas suelen cancelar compromisos sociales cuando se sienten «demasiado preocupados» como para ir a una cena o a una fiesta. Cuando el secretismo se suma a esto, te impide explicar con exactitud tus razones a los demás, por lo que los otros se quedan pensando en tus razones para cancelar el desayuno o por qué a veces pareces distante. Esto puede dañar tu red social, pues las otras personas pensarán que no estás interesado en ellas.

Incremento paradójico de síntomas. Tus pensamientos no forman o causan los eventos a tu alrededor, en el mundo exterior, pero pueden formar y causar síntomas físicos y emocionales de ansiedad dentro de ti. Una persona preocupada por sonrojarse o sudar en un evento social, y que mantiene ese miedo en secreto, experimentará esos síntomas con mayor probabilidad por el simple hecho de que está tratando de no tenerlos. Lo mismo les pasa a las personas preocupadas por no perder la voz en una presentación, las probabilidades de que ese síntoma aparezca aumentan.

La consecuencia general de los efectos secundarios de guardar el secreto es ésta: aunque creas que engañas a las demás personas al mantener tus preocupaciones en secreto, en realidad sólo estás engañando a una persona y ésa eres tú. El secretismo te hace creer que tienes un terrible y vergonzoso problema y nadie podría quererte o respetarte si lo supiera.

Quizás haya alguna buena razón para elegir qué partes de tu problema con la preocupación revelas, al menos a un par de personas que realmente tienen tu mejor interés en la mente. Si bien a nadie le gusta sentirse avergonzado, el sentimiento suele pasar muy rápido. Por otro lado, los efectos secundarios negativos del secretismo pueden durar una vida entera si nunca rompes el secreto, así que podrías beneficiarte al revelarlo.

Cuando hablo por primera vez con un paciente preocupado sobre la revelación de secretos voluntaria, normalmente suele decir algo así: «No quiero contarle a nadie sobre este problema. ¡No les interesa!».

Es cierto. Tus preocupaciones no tienen por qué interesarle a alguien más que a ti.

La única razón para discutirlo con alguien más es si crees que esto podría beneficiar *tus* intereses de vivir mejor, reducir la preocupación, seguir tus aspiraciones, entre otras cosas. Es tu interés, no el suyo.

Así que valdría la pena que hicieras un análisis de costo-beneficio de lo que implica mantener en secreto tu preocupación, el efecto principal y los efectos secundarios, como los enlistados arriba, para ayudarte a decidir si quieres sincerarte con algunas personas como experimento.

Si decides intentar la revelación voluntaria, tengo algunas sugerencias que pueden ayudarte.

Planificar la revelación voluntaria

Empieza con un ser querido o alguien importante en tu círculo de amigos. Elige a alguien que claramente estará de tu lado, alguien que podría ayudarte y entenderte al escuchar tus problemas.

Agenda un momento conveniente. No reveles tu secreto al final de una llamada o de una conversación y tampoco lo dejes al azar. Dile a él o a ella que hay algo de lo que quieres hablar y reúnanse a una hora en un lugar específico. Si es posible, hazlo en persona. No necesitas mucho tiempo. De 15 minutos a media hora debe ser suficiente, a menos que requieras más tiempo. Tu amigo tendrá curiosidad por el tema de la reunión, pero no le digas nada hasta que llegue el momento justo. ¡Puedes dejarle en claro que no necesitas dinero prestado!

Di lo que piensas sin rodeos. No le des vueltas al asunto ni pases los primeros minutos hablando sobre deportes o noticias. Ve al punto como te lo sugiero en este ejemplo.

> Gracias por tomarte este tiempo. Quiero contarte acerca de un problema que tengo y que inunda mi mente. Me preocupo mucho, sé que todo el mundo se preocupa, pero creo que para mí es un problema más grande que para la mayoría de las personas.

Ésta es una descripción típica de la preocupación, pero será mejor que añadas en ese momento tu propia descripción.

> *Me encuentro pensando y preocupándome mucho acerca de cosas que nunca pasan, o si pasan, no es tan malo como espero; mientras tanto, ocupan mi mente y me distraen de otras cosas en las que preferiría pensar. Es un poco vergonzoso hablar de esto en voz alta, pero ésa es la principal razón por la que quería platicar contigo de esto, creo que sólo empeora si lo mantengo en secreto y en mi cabeza. Me preocupan muchas cosas y tengo problemas para dejarlo ir.*
>
> *Los principales problemas que esto me ocasiona son* [describe brevemente algunas de las formas en las que la preocupación te causa problemas. Puede ser distrayéndote, teniendo problemas para conciliar el sueño o cualquier otro resultado de la preocupación.

Definitivamente deberías incluir algunas de las formas en las cuales luchas para controlar tu preocupación y deshacerte de ella que ya discutimos en el capítulo 3. Si esta persona alguna vez se acercó a ti para darte seguridad, describe también esa parte de la preocupación].

Quizá te estés preguntando por qué te cuento todo esto. Principalmente se debe a que creo que podría ayudarme contarle a alguien acerca de mis problemas, romper el silencio. Creo que guardarlo hace que me parezca un problema más grande de lo que realmente es.

Ahora que te he contado esto, hay un par de cosas que me gustaría que hicieras y que no hicieras.

Ésta es la parte en la que quizá te sea útil educar, literalmente, a los demás, entrenarlos sobre lo que es útil y lo que es inútil en cuanto a tu preocupación. Las preocupaciones de las personas sobre las posibles reacciones exageradas de sus seres queridos o amigos, o cómo responderán de una manera inútil, suelen ser una de las principales razones por las que las personas mantienen sus preocupaciones en secreto. No puedes esperar que los demás sepan automáticamente cómo ayudarte. Tienes que explicárselo.

Guías que le servirán a tus personas de apoyo

No empieces preguntándome: «¿cómo estás? ¿Estás preocupado?». Si quiero hablar de esto un poco más seré yo quien retome el tema. Preferiría que tú no lo hicieras.

Normalmente no es bueno que me tranquilices sobre algo que me preocupa. Probablemente lo piense de más y lo cuestione, tratando con tanta intensidad de estar «seguro» que sólo causará más problemas para mí y quizá para ti también. Tengo que mejorar mi habilidad para manejar la incertidumbre. Si buscas tranquilizarme sobre algo, trata de ser realista. No me digas que algo estará bien, de ninguna manera. Olvida cualquier frase como «hasta donde sé» o «todo puede pasar, pero es probable que…», pues sé que nada sobre el futuro es seguro y tengo que acostumbrarme a eso.

Si parece que estoy buscando consuelo sobre algo, me gustaría que me lo dijeras «parece que estás buscando consuelo, ¿es eso lo que realmente quieres?», de esta manera me darás la oportunidad de cambiar de parecer.

No compartas esta información con nadie. Si quiero que alguien más se entere, yo se lo diré.

No trates de hacer cosas que creas que podrían ayudarme o que harían mi vida más fácil. Si hay algo que quiera o necesite que hagas, te lo pediré. O si crees tener una buena idea, pregúntame primero, pero nunca hagas nada sin antes consultarlo conmigo.

Intenta esto con alguien que sea importante en tu vida y tenga tus mejores intereses en la mente. Ve cómo funciona y evalúa los efectos. Si descubres que los resultados son cuando menos neutrales, o positivos, entonces podrías motivarte para empezar a romper el hábito del secretismo que mantienes con los demás sobre tu preocupación.

Una buena manera de hacer esto es notar los momentos en los cuales inventes una excusa o una historia para esconder el hecho de que estás preocupado. Por ejemplo, puede ser que rechaces una invitación para comer con un amigo en un restaurante elegante, pues anticipas que te sentirás muy incómodo. No quieres sentirte «atrapado» en la mesa, justo en medio del restaurante, mientras tratas de «sobrevivir» el momento. Te imaginas esperando ansiosamente a que tu amigo termine su café y postre, y después tratando de tolerar los retrasos típicos de pagar la cuenta cuando lo único que quieres es salir corriendo.

Si te descubres ofreciendo una excusa falsa, simplemente interrúmpete y haz una pausa, después di algo como: «No, olvídalo. A veces los lugares así me ponen ansioso, especialmente cuando estoy pensando en muchas cosas, como lo estoy haciendo justo ahora, y suelo estar demasiado incómodo para disfrutar del momento. ¿Y si mejor hacemos algo más rápido y casual?».

Haciendo esto puedes mantener tu conexión social con tu amigo al mismo tiempo que cuidas tus necesidades. Además, eso abre la puerta a reconocer un poco de la preocupación que sientes, pues obtendrás una reacción realista de tu amigo, en vez de la reacción de secreto llena de culpa y vergüenza que experimentas cuando das excusas.

Obtener apoyo de otra persona clave

Hay una persona más en tu vida de la que probablemente puedas tener más apoyo en tus esfuerzos por cambiar tu relación con la preocupación crónica.

Eres tú.

Es posible que seas diferente a la mayoría de los pacientes que he tenido, pero lo que suelo notar en las personas con problemas de preocupación crónica es que suelen ser demasiado autocríticos, lo cual dificulta su trabajo aún más. Se condenan por estar preocupados, como si literalmente fuera su culpa o algún tipo de delito, en lugar de un problema desafortunado al que se enfrentan. Suelen ser muy tacaños al reconocer sus aciertos o esfuerzos, pero no dudan en criticarse o avergonzarse.

Si bien se quejan de que sus familiares y amigos «no los entienden», sus pensamientos pueden ser mucho más dañinos que cualquier cosa que su peor enemigo pudiera decirles.

No es porque no sepan cómo ser compasivos y darse apoyo. Estas personas suelen entender los problemas de otras personas y ofrecerles su ayuda, o al menos los escuchan con un oído neutro, sin criticarlos.

Simplemente no se dan el mismo apoyo a sí mismos. Cuando mis pacientes llegan y me cuentan sobre las críticas que escuchan en su mundo interior, me sorprende escuchar lo negativas que son.

Saben apoyar a los demás, pero no usan esta habilidad en su diálogo interior consigo mismos. ¿Por qué no lo hacen?

¡Creo que se debe a que ahí no hay testigos! Pasa de forma tan automática que a veces ni siquiera notan los pensamientos críticos. Sólo sienten su efecto, en forma de desmotivación.

¿Suena como algo que haces? Tal vez sería de gran ayuda mantener un registro de tu monólogo interno crítico por una semana para ver cómo es. Lleva un registro en una libreta o en un dispositivo digital de qué tan seguido te dices a ti mismo algo malo o culposo en la privacidad de tu mundo interior. No tienes que discutirlo, simplemente obsérvalo y tal vez puedas hacer una pausa para decir: «Ni modo, ¡aquí voy de nuevo!».

Piénsalo

¿Qué significa encontrarte motivado para mantener tu preocupación en secreto? Suele ser un buen indicador de que hay algo exagerado o irreal en esa preocupación. Ése es un recordatorio útil y, si empiezas a analizar la necesidad de este secreto de manera consciente, te ayudará a responder de manera más eficiente a tus preocupaciones.

Mantener tus preocupaciones en secreto tiene un precio, a veces muy alto, con graves efectos negativos. Prueba las sugerencias de este capítulo y experimenta con la revelación voluntaria, primero un poco, y evalúala por los resultados, no por los miedos que anticipas.

CAPÍTULO 13

Preocupaciones especializadas: el sueño y la enfermedad

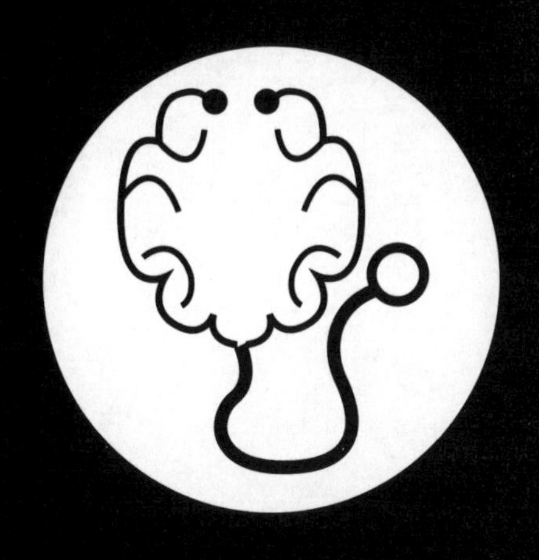

En este capítulo veremos dos áreas de contenido específico relacionadas con la preocupación: dormir y salud. Más bien, preocupaciones sobre fallos en esas áreas, como preocuparse por no poder conciliar el sueño o tener insomnio y preocupaciones sobre enfermedades en las que el preocupón no parece tener ninguna enfermedad.

Estas preocupaciones suelen vincularse de manera estrecha con respuestas muy específicas, así que describiré las respuestas, explicaré cómo empeoran el problema y ofreceré algunas respuestas específicas nuevas que te ayudarán a solucionar el problema. Puedes saltarte este capítulo si no te molestan estas preocupaciones, aunque posiblemente también pueda ayudarte por la forma en la cual describe los cambios en el comportamiento de las personas para hacer que encajen con sus preocupaciones.

Preocupaciones sobre dormir

Jay estaba en medio de un momento muy estresante. Recientemente había aceptado un nuevo puesto en un trabajo que creía era la mejor oportunidad de su vida. Aceptó el puesto, aunque estaba consternado por cómo lograría cumplir con sus nuevas obligaciones laborales al mismo tiempo que era un padre de familia primerizo. A lo largo de los primeros seis meses el trabajo salió bastante bien.

Entonces, una noche tuvo problemas para dormir. No hubo una razón aparente, pero despertó sintiéndose muy ansioso a las dos de la mañana.

Su corazón latía más rápido de lo normal y se sentía inquieto. Pensó que había tenido una pesadilla, pero no podía recordar los detalles. Se quedó acostado un rato tratando de volver a conciliar el sueño, pero sin éxito. Se levantó para usar el baño, tomó agua, revisó su correo electrónico y después regresó a la cama para intentar dormir. No lo logró. En cambio, se molestó con su esposa, pues parecía estar disfrutando su sueño e incluso su respiración parecía suficiente para mantenerlo despierto. De vez en cuando, volteaba a ver el reloj y calculaba cuántas horas dormiría si se quedaba dormido en ese momento. Eso lo molestó tanto que le quitó el sueño. Finalmente, alrededor de las cinco de la mañana, consiguió dormirse, pero pronto el llanto de su hijo lo despertó.

Jay se fue a trabajar sintiéndose un poco cansado, pero el día pasó sin mayores problemas. Sin embargo, poco después de salir de la oficina se descubrió pensando: «Espero no tener problemas para dormir otra vez». El pensamiento lo molestó. Sentía que su corazón latía un poco más rápido y por unos pocos momentos le hizo falta el aliento. Sus pensamientos regresaron a la misma pregunta: «¿Y si tampoco puedo dormir hoy?», y se imaginó haciendo mal su trabajo por no haber dormido bien.

Al manejar a casa se preguntó qué podría hacer para mejorar sus probabilidades de conciliar el sueño. Tuvo un par de ideas: tomaría chocolate caliente antes de acostarse, evitaría ver su programa favorito que a veces tenía escenas intensas de crímenes y en cambio leería algo relajante, además, intentaría acostarse más temprano.

Jay se preocupó por su sueño toda la tarde, como si se estuviera preparando para un desafío físico importante. Se acostó una hora antes de lo normal, pero eso tampoco lo ayudó a quedarse dormido. Se quedó ahí, acostado, sintiéndose tenso. Preocupado, se levantó y fue a la sala, en donde vio un programa de televisión con la esperanza de quedarse dormido. Ahí se quedó dormido, despertó un par de horas más tarde con la televisión aún encendida y se preguntó si podía «arriesgarse» a ir a la cama o si mejor se quedaba ahí. Trató de regresar a su cama, pero después de varios minutos de ansiedad volvió a la sala y durmió hasta la mañana.

Se sintió nervioso por ir al trabajo y tenía pensamientos de no estar lo suficientemente alerta para lidiar con sus responsabilidades. Tomó una taza más de café y trató de encontrar seguridad en su esposa. Ella señaló, correctamente, que también había pasado varias semanas sin poder dormir bien cuando su hijo nació, pero ese hecho no lo calmó. Antes de salir de casa, Jay revisó su agenda para ver si no había una junta o algo más que pudiera cancelar. No encontró nada, pero al ver su agenda consideró el final del día y volvió a pensar: «¿Y si tampoco puedo dormir hoy?».

Jay «sobrevivió» a su día laboral sin problemas, pero se sentía al filo de la navaja y trató de pensar en más estrategias para dormir mejor. Antes de llegar a casa se detuvo en el gimnasio para ejercitarse, esperando estar exhausto cuando fuera hora de dormir. Le pidió a su esposa que evitara mencionar temas negativos y deseó que su hijo no lo despertara temprano. Esa noche tomó un vaso de leche caliente, pues había leído que el chocolate podría afectar el sueño, y se acostó temprano, colocó una toalla para las manos sobre sus ojos para conseguir mayor oscuridad y usó tapones para los oídos para lograr un mayor silencio. Trató de no pensar en despertarse a las dos de la mañana. Aunque le costó más trabajo de lo normal, eventualmente lo consiguió.

Entonces despertó a las dos de la mañana, se levantó de la cama y se fue a dormir al sillón. A lo largo de los próximos días decidió acostarse en el sillón en vez de en la cama, pues le era más fácil dormir ahí, viendo televisión y sin pensar en tratar de dormir. Cada vez que intentaba regresar a la recámara, volvía a preocuparse por dormir y eso evitaba que durmiera. En una semana intentó cambiar el vaso de leche caliente por un tarro de cerveza fría, hasta que su esposa lo persuadió para que fuera a ver a su doctor. Éste le prescribió tabletas para dormir. Las usó durante una semana más o menos, pero no le gustaba lo atontado que se sentía a la mañana siguiente y, además, el médico le había advertido que las pastillas eran sólo para uso a corto plazo, por lo que decidió dejar de tomarlas.

La experiencia de Jay con la preocupación por el sueño es muy parecida a la que experimentan muchas personas. Tienen una noche con sueño problemático o interrumpido sin ninguna razón aparente y se preocupan por ello constantemente. Tratan de eliminarlo con varias tácticas. Estas tácticas tratan el sueño como si fuera una lucha o un logro. Lo único que hacen es empeorarlo y aportar más preocupación. Preocuparse por el sueño es un ejemplo clásico de la regla de los opuestos. A menudo lleva a las personas a responder en formas que hacen más difícil dormir, aunque esperan y desean que el sueño sea más fácil.

Sueño: ¿dejarlo llegar o hacerlo llegar?

Empecemos con algunas cosas básicas. ¿Qué hacemos para quedarnos dormidos?

Dormir es una de esas actividades que *dejamos* que sucedan, en vez de hacer que sucedan. ¿Cómo hacemos eso? Creamos un espacio silencioso, cómodo y oscuro, sin distracciones o condiciones que estimulen estar despierto. Llegamos y nos acostamos, listos para «soltar» las preocupaciones y actividades de la vida diaria, y dejamos que el proceso ocurra naturalmente.

«Tratar de dormir» es una contradicción porque dormir es una actividad que no responde bien al esfuerzo. Piensa en una de tus comidas favoritas, ¿qué tan probable es que cuando te la sirvan pienses en todo lo que haces con la lengua y la boca? ¿Qué tan probable es que te exijas disfrutar más de esa comida y te cuestiones por qué la saboreas tanto? ¡Probablemente no mucho! Más bien te sientas en un lugar apropiado, con los utensilios necesarios, una bebida de tu elección, metes la comida en tu boca y dejas que la experiencia suceda. Aunque sea el mismo platillo, es posible que tengas una experiencia un poco diferente cada vez, pero no lo juzgas como un evento olímpico a menos que estés en un programa de cocina.

Muchas de nuestras actividades diarias requieren un esfuerzo que es recompensado. Mientras más entrene a mi perro para que no se suba al sillón, mejor se comportará, al menos con el sillón. Mientras más me ejercite, estará mejor mi psique y mis músculos más tonificados.

Dormir no es así. Esta actividad se parece más a la relajación, a disfrutar tus alimentos o a tener un orgasmo. Le das las condiciones correctas, sigues un par de simples pasos y disfrutas lo que llegue a ti. No peleas para crear la experiencia porque luchar y disfrutar de estas actividades no es compatible.

Arreglando tu cuarto para descansar

¿Cuáles son las condiciones correctas? Esto es lo que los psicólogos del sueño llaman «higiene del sueño». No significa tener sábanas limpias, aunque nunca está de más. Significa crear un buen ambiente y rutina que incite al sueño. Esto significa reservar tu cama y tu recámara para dormir, también para las relaciones sexuales, pero para nada más. Este ajuste puede ser muy difícil para la gente que está «conectada» 24/7.

Nada de televisión en la recámara, sácala de ahí. Apaga tus aparatos electrónicos, como el teléfono, la computadora o cualquier otra cosa y déjalos en la sala. Si necesitas tener algo en el cuarto para distraerte, un libro es suficiente.

Toma tu reloj y voltéalo hacia la pared. Cuando las personas tienen problemas para dormir suelen voltear a ver el reloj y calculan cuántas horas de sueño tendrían si se quedaran dormidas en ese momento, como si se tratara de un ejercicio cronometrado. ¡Eso no incita al sueño! ¿Sigues usando un reloj de muñeca? Déjalo sobre un buró donde no puedas verlo ni tomarlo. Si usas tu celular como alarma, probablemente sea mejor que consigas un despertador más tradicional. Aunque tu teléfono esté en silencio, probablemente parpadee alguna luz que llame tu atención.

Dormir está diseñado para dejar ir el mundo exterior, y estructurar tu recámara de la manera correcta puede ayudarte a lograrlo.

Crear una rutina para antes de dormir

¿Cómo prepararte para dormir? Aquí hay un par de pasos a seguir. Desconéctate de internet y de tu teléfono al menos media hora antes de acostarte. Haz algo un poco más tradicional y tranquilo, como leer (¡pero que no sean novelas de misterio y asesinatos!) o ver televisión en otro cuarto. Elige un programa que no sea demasiado atrayente o estimulante (los programas de entrevistas están diseñados para esto) y que no interfiera con tu hora de dormir.

Olvídate de los bocadillos por la noche. Si eres sensible a la cafeína limita tu ingesta a la mañana. Ve a dormir a una hora que te permita tener la cantidad de sueño que necesitas. No te vayas a dormir más temprano pensando que eso te ayudará a aumentar tus horas de sueño. Eso sólo garantizará más tiempo dando vueltas en la cama.

Probablemente es bueno que durante unos cuantos minutos hagas un ejercicio simple de relajación antes de acostarte o justo cuando llegues a la cama, como la meditación con la respiración del estómago que vimos en el capítulo 10. Como con cualquier otra técnica de relajación, la clave es seguir los pasos y dejar que pase lo que debe pasar. Tal vez te relajes un poco, tal vez te relajes mucho. Tan sólo acepta lo que suceda. ¡No te esfuerces por relajarte!

Evita tomar siestas durante el día. Cuando duermes durante el día, normalmente duermes menos por la noche, y lo que quieres es crear el hábito automático de dormir cómodamente en la noche. Así que, aunque pueda parecer una buena idea reponer el sueño perdido, probablemente sólo te llevará a perder más horas de sueño. Establece un horario para dormir y apégate a él.

¿Qué tan pronto te quedarás dormido en la noche? No lo sabemos con exactitud. El objetivo principal es crear las condiciones correctas para dormir y dejar que pase lo que deba pasar.

Preocuparse por dormir es sólo... preocuparse

La preocupación por dormir suele tomar la forma de este pensamiento: «¿Y si no tengo suficientes horas de sueño?». La abrumadora mayoría de las veces la respuesta a esta pregunta es que te dará sueño en otro momento. ¡Es un problema que se autocorrige! No es como otros problemas, por ejemplo: la deshidratación. Si no tomo suficiente agua, tengo que corregir esa deficiencia, mi cuerpo no generará agua por su cuenta, debo buscarla y tomarla. Cuando no duermo lo suficiente, mi cuerpo inducirá el sueño. Mi principal responsabilidad en cuanto al sueño es no meterme en mi propio camino y dejar que el sueño ocurra, en vez de esforzarme por que suceda.

Tu mejor respuesta a las preocupaciones sobre el sueño es tratarlas como un ente diferente a manejar el sueño. Trata las preocupaciones sobre el sueño de la misma manera que cualquier otro comentario del tío Discusión. Trátalas como una preocupación más y no dejes que te engañen para que las tomes con más seriedad, y sígueles la corriente. Maneja la actividad de dormir de acuerdo con las sugerencias de higiene del sueño que leíste antes.

¿Qué puedes hacer si te cuesta trabajo dormir? No te quedes acostado por horas intentando quedarte dormido. Dale un tiempo razonable, tal vez media hora; si no puedes dormir en ese tiempo, sugiero que te levantes y realices alguna actividad por un corto periodo.

¿Qué tipo de actividad? Si en el pasado te has relajado hasta quedarte dormido con un libro, entonces hazlo. Pero si tienes un historial de fallas al tratar de relajarte, entonces no hagas eso. Mejor toma 20 minutos y haz un quehacer aburrido y tedioso, como tallar el piso o la bañera.

¿Apenas limpiaron la casa en la tarde? ¡No importa! El objetivo de esta tarea no es dejar tu casa resplandeciente, sino hacerle una invitación al sueño. Si te levantas para ver un programa de televisión que te gusta o un libro que te mantiene enganchado, probablemente pospondrás el sueño, pues estarás haciendo algo más interesante que dormir. Haz algo poco interesante durante más o menos 20 minutos y después regresa a la cama. Si sigues despierto en 20 minutos o media hora, repite el proceso las veces que sea necesario.

A veces las personas caen en un patrón desafortunado de despertar siempre a la misma hora noche tras noche y esto suele ser a una hora especialmente indeseada, como las dos de la mañana. Esto ocurre porque después de una o dos veces, la persona empieza a preocuparse: «¿Y si vuelvo a despertar a las dos de la mañana?». Y, por supuesto, como si fuera una profecía, despiertan a esa hora. Quedan atrapados en un círculo vicioso de preocupación anticipatoria sobre despertarse durante la noche, seguido por despertarse en la noche, seguido por más preocupación, y el ciclo se repite una y otra vez.

Éste es un ejemplo clásico de preocupación crónica en el que la preocupación por la posibilidad y la incertidumbre de despertar en la noche te llevan exactamente a donde no quieres llegar. Aquí encontrarás un remedio que ha sido útil, no apto para cobardes, pues tiene ese aspecto clásico de la medicina, y los medicamentos útiles casi siempre saben mal, pero no dejes que eso te desmotive.

Cuando trabajo con pacientes que tienen este problema habitualmente (despertar a las dos de la mañana), les sugiero que pongan su despertador a esa hora. Entonces, antes de que salgan corriendo de mi consultorio, les explico que es la duda e incertidumbre de si despertarán o no a las dos de la mañana lo que alimenta y motiva la preocupación que los despierta y les crea el hábito de despertar siempre a esa hora. Cuando ponen su alarma a las dos de la mañana ya no tienen duda alguna, saben que despertarán a esa hora.

Esto cambia el problema. Antes, se preocupaban por si despertarían a las dos de la mañana o no. Ahora saben que despertarán, y cuando suceda pueden decidir cómo responder. Tal vez respondan de la misma manera que lo harían siempre que despiertan a media noche, pero eso no es lo que normalmente pasa, y si sucede no están peor que antes. Lo que pasa por lo regular es que despiertan como respuesta a la alarma, se preguntan por qué sonó, recuerdan que les pedí que lo hicieran, piensan en algo poco agradable sobre mí, la apagan y regresan a dormir. A veces hasta despiertan un poco antes de que suene la alarma, la apagan y siguen durmiendo.

Aun con esta explicación, las personas suelen creer que poner una alarma a las dos de la mañana es una idea un poco disparatada, pues no quieren despertar a esa hora. Y supongo que sí lo es, pero es un problema contradictorio y necesita una solución contradictoria. Cuando necesitas una solución contradictoria siempre puedes usar la regla de los opuestos. Poner una alarma a las dos de la mañana es una aplicación pura de la regla de los opuestos.

Preocuparse al despertar

A veces las personas experimentan lo opuesto a este problema. Al despertar a la hora deseada por la mañana se quedan despiertos en la cama un rato, tratando de dormir un poco más. En vez de dormirse, piensan en todas las preocupaciones de su día. A veces ponen su alarma un poco antes de lo necesario para tener un periodo extra de sueño. Esta función de *snooze* en algunos relojes fomenta esta práctica.

Quizás el mejor consejo que puedo darte para estas «preocupaciones mañaneras» es el siguiente: ¡no lo hagas acostado! Al hacerlo te pones en desventaja: acostado, preocupado y sin nada que hacer.

Te iría mejor si sales de la cama en cuanto despiertas. ¡Quedarte acostado en la cama, contemplando las cosas malas que pueden pasar ese día, no es la mejor manera de comenzarlo! Mejor sal de la cama y empieza tu rutina diaria, báñate, desayuna, sal a pasear con tu perro. Empieza el día y pospón, aunque sea por un breve periodo, la contemplación del día que tienes por delante.

Después de que termines una parte de tu rutina mañanera, de unos 15 minutos, siéntate y usa los siguientes minutos para contemplar el día que se avecina. Podrás ver con mayor claridad tu día si estás despierto y sentado. Si «necesitas» preocuparte por la mañana, éste es un mejor momento y lugar para hacerlo. Si tienes un hábito de despertar y preocuparte mientras sigues en la cama, quizá sea una mejor alternativa agendar una cita con la preocupación (como vimos en el capítulo 10) e incluirla en tu rutina de cada mañana.

Preocupaciones sobre enfermedades

Las preocupaciones sobre enfermedades y dolencias pueden ser una forma especialmente desafiante de preocupación crónica.

Algunas personas con «ansiedad por la enfermedad», como la llaman los profesionales, o alguien que tiene tendencias ansiosas, experimentará muchos pensamientos y preocupaciones sobre la posibilidad de contraer alguna enfermedad. A veces esta preocupación lleva a que las personas busquen más atención médica de la que parece necesaria o deseable. A veces los lleva a hacer lo opuesto a eso, a evitar las revisiones médicas o procedimientos rutinarios que, de otra forma, parecerían tener sentido. Veremos ambas respuestas aquí.

Demasiado de algo bueno

Las personas que experimentan ansiedad por la enfermedad por lo general se encuentran enfocadas en una enfermedad particularmente seria o temida, como cáncer, Alzheimer, sida, esclerosis múltiple, padecimientos del corazón, entre otras. Sabes qué hacer si detectas un posible síntoma, ¿verdad? ¡Vas con un doctor y dejas que lo revise! Eso tiene sentido.

El doctor debería escuchar tu preocupación, examinar las partes relevantes de tu cuerpo para evaluarlas y, tal vez, hacer un par de pruebas, como tomar muestras de sangre, rayos X o cualquier otra exploración del área en cuestión. En algunos casos parte de la evaluación requerirá que visites a un especialista. El objetivo del médico será aclarar, a su satisfacción, si existe o no una enfermedad; si la hay, identificará un tratamiento para seguir y lo seguirá contigo hasta su conclusión.

Pero ahí es donde se complica para las personas con preocupación crónica por alguna enfermedad. Si tienes este tipo de preocupación crónica llegas al consultorio del doctor con dos objetivos en la mente: primero quieres la opinión profesional del médico sobre si tienes una enfermedad o no; si *confirma* tu preocupación, querrás una recomendación de tratamiento. Si el doctor dice que *no* tienes una enfermedad, querrás estar 100% seguro de que está en lo correcto, y ése es un problema.

No siempre puedes tener lo que quieres

No importa lo sano que seas ni tampoco lo habilidoso, meticuloso, amable y persuasivo que sea el doctor, no obtendrás la certeza absoluta que ansías. Incluso cuando te sientas satisfecho durante la visita, al llegar a casa probablemente empieces a dudar otra vez. Ése es el problema al querer probar algo que no existe: no es posible hacerlo.

Una persona que se preocupa por su salud puede desarrollar una preocupación sobre, digamos, tener una enfermedad cardiaca o cáncer de estómago. Notará sensaciones físicas que parecen indicar que tiene esa enfermedad, por ejemplo, su corazón ocasionalmente cambiará de velocidad o se saltará una palpitación, o su estómago tendrá sensaciones inesperadas, y consultará a un doctor.

Espera poder comprobar que no tiene alguna enfermedad y escucha atentamente cada palabra que usa el doctor. Si éste dice: «No veo ninguna señal de la enfermedad», entonces será infeliz porque deja la puerta abierta a la posibilidad de que la enfermedad llegue en el futuro, quizá tan pronto salga del consultorio del médico.

Lo que le gustaría escuchar del doctor es algo más parecido a: «No tienes esa enfermedad ahorita y te garantizo que no la tendrás en el futuro». Eso sonaría bien, pero no pasaría mucho tiempo antes que volviera a preocuparse. «¿Cómo puede estar tan seguro el doctor?».

Dudando de tu doctor y mordiendo el anzuelo

¿Qué haces cuando te encuentras preocupándote de nuevo sobre la posibilidad de tener una enfermedad peligrosa y si el doctor, por cualquier razón, no la encontró? Si eres como la mayoría de las personas con esta preocupación, responderás a la duda con una variedad de comportamientos antipreocupación, igual que el toro que carga contra la muleta roja. Regresas con ese médico para explicarle de nuevo tu situación, pues quizá creas que en tu cita previa dejaste fuera un detalle crucial o simplemente no fuiste tan enfático como lo requería el caso o el doctor sencillamente no lo vio por alguna razón, o quizás hasta pensarás que confundió tu muestra de sangre con la de algún otro paciente. Así que regresas y repites la visita, pidiéndole al médico que revise de nuevo. Buscas a otros doctores para que hagan otras pruebas y te den otras opiniones. Buscas en internet. Buscas seguridad en tus amigos y familiares. Pero no importa qué tanto ni qué tan exhaustivamente lo intentes, ahí está el tío Discusión tocándote el hombro, «¿y si...?».

Desear certeza al 100%

Puede parecerte que este tema, una posible enfermedad fatal, sea demasiado importante para quedar satisfecho con una certeza menor a 100%. El hecho es que no importa qué tan importante parezca el tema, no puedes tener 100% de certeza de que un problema no existe. Mientras más te esfuerces por tenerla, más doloroso será cuando te des cuenta de que aún no la tienes.

Si ésta es tu situación, no estás inseguro porque no investigaste tu preocupación lo suficiente. Estás inseguro porque nadie puede tener la seguridad que deseas. Ya cumpliste tu primer objetivo, tener la opinión del doctor sobre tu salud. Estás atrapado, intentando conseguir tu segundo objetivo, tener 100% de certeza, y nunca lo vas a lograr.

En realidad, no es que estés enfocado en ese problema porque una enfermedad no diagnosticada sea el mayor peligro para tu supervivencia. No lo es. Hay un sinfín de actividades diarias ordinarias que tienen una mayor probabilidad de causar tu muerte que una enfermedad no diagnosticada y a las cuales probablemente no les pongas mucha atención. Estás en este problema porque te hace sentir incómodo. Es incomodidad, no peligro. Cuando la tratas como peligro, el problema parecer salirse de control.

¿Qué puedes hacer? El problema es que vas al doctor con la esperanza de tener una nueva opinión de ti mismo. Esperas regresar a casa completamente convencido y satisfecho de que eres una persona sana, sin la enfermedad que temes, y que esa certeza durará por el resto de tu vida. Pero la única razón para ir con un médico es para tener una opinión de él, no para cambiar tu opinión o tus pensamientos. Vas ahí buscando la opinión del doctor sobre si tienes una enfermedad o no. Haz que ése sea tu objetivo, sabiendo que los pensamientos preocupantes sobre la enfermedad seguirán antes, durante y después de tu cita. No busques una certeza, sólo la opinión del médico.

¿Por qué me hago esto a mí mismo?

Algunas personas quedan atrapadas en esta preocupación porque repetidamente tienen síntomas físicos, además de la preocupación. La ansiedad no está sólo en tu cabeza. También la experimentas en tu cuerpo. Algunos síntomas físicos típicos de la ansiedad incluyen mareos o vértigo, cambios aparentes en tu ritmo cardiaco, tensión muscular en el pecho, hombros, espalda y cuello; problemas digestivos y más. Aunque éstos son síntomas comunes de la ansiedad, las personas que los experimentan tienen dificultad para aceptarlos y creer que sólo son parte de los síntomas físicos de la ansiedad, en vez de una enfermedad física.

Las personas que se preocupan por una posible enfermedad y descubren que no pueden dejar ir esas preocupaciones se enojan consigo mismas. «¡Me lo hago yo mismo!», suelen decir antes de culparse por sus problemas.

Si tienes preocupaciones sobre alguna enfermedad y también síntomas físicos de ansiedad, es cierto que nadie más te lo está haciendo. Las preocupaciones y síntomas físicos ocurren en tu cuerpo y mente sin una causa exterior, pero eso no es igual a que te los hagas a ti mismo. Estas preocupaciones y síntomas físicos son naturales, es una actividad natural involuntaria de tu mente y cuerpo, parte de un proceso mediante el cual buscamos señales de problemas.

Si tienes preocupaciones así, ¡tienes perros guardianes demasiado ambiciosos! Ladran cuando hay un intruso y eso está bien, pero también ladran cuando los niños corren frente a tu casa o cuando el cartero entrega tu correspondencia, ¡y eso ya es demasiado! Pero son perros y es inútil esperar que sólo ladren cuando haya un peligro verdadero y no lo hagan cuando no lo hay. No lo están haciendo para molestarte, lo hacen porque ésa es su naturaleza.

De la misma manera, está en nosotros buscar señales de un problema y tratar de eliminarlo. Es parte de nuestra naturaleza, y a veces tenemos más de lo necesario. Ése es un problema, pero no es tu culpa.

Evitando algo bueno

Otras personas responderán de una forma muy diferente a la preocupación crónica acerca de una enfermedad. Podrían evitar visitar al doctor como si fueran a contagiarse ahí. Las personas que entran en este patrón pasan años sin ir a un doctor. Evitan las revisiones médicas anuales, así como las recomendadas al llegar a cierta edad, como colonoscopías después de cumplir 50 años o las vacunas contra el herpes zóster a los 60 años. La necesidad de una visita médica, desde una radiografía del tórax solicitada al entrar a un nuevo trabajo, hasta una verdadera emergencia médica, suele convertirse en una crisis para las personas con preocupaciones de este tipo. Si has tenido una experiencia así, tus preocupaciones toman una forma diferente que la de las personas que buscan evaluaciones médicas constantes.

¿Por qué la ansiedad por la enfermedad llevaría a que las personas evitaran a los doctores? Hay varias razones.

Un patrón común es que las personas no se preocupan por los posibles efectos de una enfermedad, sino por la conmoción y ansiedad que creen que sentirán si un doctor les confirma que tienen alguna. Si tienes este tipo de preocupación crónica, tu principal preocupación es un momento imaginario, hipotético, cuando el doctor te examine o lea tus exámenes médicos, levante la mirada, suspire y te diga: «Tengo malas noticias».

Las personas con este tipo de ansiedad por la enfermedad imaginan este escenario con frecuencia y pensar que pueden escuchar malas noticias los asusta tanto que creen que deben evitar esa posibilidad a como dé lugar. Es parecido al miedo anticipatorio que siente una persona con trastorno de pánico cuando imagina situaciones que asocia con ataques de pánico, como un viaje en avión o un elevador lleno.

Síndrome de la bata blanca

Una parte rutinaria de cualquier visita al doctor es la medición de la presión arterial. Algunas personas odian y temen a esto tanto que evitan ir al médico por completo. Tal vez sufran de algo llamado «síndrome de la bata blanca», en el que su presión arterial aumenta cuando es hora de la prueba y tienen una reacción anticipatoria que los atrapa en un círculo vicioso. Se imaginan que la enfermera les dice: «Dios mío, ¡su presión arterial está por los cielos!», y hacen una escena mientras su presión arterial sigue subiendo.

Las personas que experimentan esta preocupación anticipatoria sobre su prueba de presión arterial, lo que el doctor dirá o cualquier otro aspecto de su visita, a veces descubren que incluso aguardar su turno en la sala de espera es intolerable porque ese momento es perfecto para que surjan los pensamientos anticipatorios «y si». Igual que quien tiene miedo a volar llega a la puerta de abordaje y se da la vuelta, a veces las personas llegan a la sala de espera y se van como respuesta a sus elevados miedos anticipatorios.

La preocupación sobre la enfermedad es sólo... preocupación

Si te reconoces en alguna de las descripciones anteriores y ves que la preocupación crónica sobre tu salud o alguna enfermedad tiene efectos negativos en tu vida, entonces el hecho de que el contenido aparente de la preocupación sea sobre salud o enfermedad se vuelve mucho menos importante. Piensa en el capítulo 6, en el que analizamos la típica oración de la preocupación. El contenido de la oración de la preocupación tiene poca importancia al considerar el significado de la cláusula «y si» que la precede. ¿Recuerdas lo que significa la parte «y si»?

Significa «finjamos». Lo que sea que siga a esa cláusula de fingir: cáncer o una gripa, ¡es fingir! ¡Estás multiplicando por cero!

Eso es lo que pasa cuando los pensamientos «y si» te hacen fingir, aun cuando son temas muy importantes fuera de ese mundo fingido.

¡No ocultes tu preocupación!

Es muy común que las personas que tienen problemas con la preocupación crónica sobre alguna enfermedad traten de negarlo o esconderlo cuando visitan a su doctor. ¿Haces esto? Parte de esto es motivado por un deseo de no ser obstaculizado por este problema, quizá no quieras «rendirte». Otra parte es la vergüenza que te ocasiona. También es motivado por la preocupación de que, si le confiesas al médico tus problemas con la preocupación, todos tus síntomas y quejas serán señaladas como «relacionadas con la ansiedad».

Estas preocupaciones son válidas; sin embargo, al llevarte a esconder o a negar tus problemas con la preocupación, probablemente hagan que tu situación sea más difícil en vez de que la mejoren. Si tienes preocupaciones crónicas sobre alguna enfermedad, en verdad tienes dos problemas que deberás discutir con tu doctor: los síntomas que quieres investigar y tu deseo insaciable de comprobar, más allá de cualquier duda, que no estás enfermo. Si sólo reconoces los síntomas, sin reconocer que tu búsqueda de esa certeza complica tu vida, entonces tanto tú como tu médico podrían desviarse hacia áreas poco productivas.

Algunos doctores, al escuchar que su paciente no está completamente satisfecho con su diagnóstico favorable sobre su salud, sugerirán prueba tras prueba, especialista tras especialista, ya sea porque no notan que la preocupación crónica es parte del problema o porque prefieren no lidiar con ella. ¡Puedes perder mucho tiempo y dinero así! Probablemente también te decepcione descubrir que ninguna cantidad de pruebas o consultas te dará la seguridad absoluta que buscas. De hecho, cuantas más pruebas te hagas, más oportunidades tendrás para preocuparte.

Tu proceso interior de preocupación avanza lo reconozcas o no. Si la preocupación por padecer una enfermedad es parte de tu vida, ocultárselo a tu doctor puede hacer que la relación paciente-médico parezca más antagonista que útil. Sin embargo, si reconoces y discutes con tu doctor la forma en la que la preocupación influye en tus pensamientos sobre tu salud, puedes tener una relación más satisfactoria con la que puedas trabajar con tu médico.

Algunos doctores tal vez no quieran ser parte de eso y preferirían tener pacientes obedientes y cooperativos que acepten sus recomendaciones y no se preocupen de más. Si tienes un doctor así, quizá sea mejor que cambies de médico y encuentres uno que esté más dispuesto a trabajar con la forma en la que tu preocupación influye en el tratamiento médico.

Piénsalo

Las preocupaciones sobre el sueño y la salud siguen el patrón general de la preocupación crónica y podrían crear fuertes hábitos que aumentan y mantienen tu preocupación. En este capítulo identificamos algunos comportamientos característicos que la gente adopta para que la preocupación esté bajo su control, pero al final lo único que logran es hacer la preocupación más persistente y severa. Identificar esos comportamientos y revertirlos es una parte importante de cambiar tu relación con la preocupación crónica.

CAPÍTULO 14

Reflexiones finales: hay algo chistoso sobre la preocupación...

Ahí lo tienes. La preocupación crónica no es un intruso o una enfermedad que debas enfrentar. Son reacciones que aparecen en tu mundo interior, en tu mente, cuando tratas de controlar u oponerte en forma excesiva a pensamientos preocupantes indeseables. La preocupación crónica te engaña y te conduce a que la tomes con seriedad y te opongas a ella de la misma manera que un matador engaña a un toro para que cargue contra un hombre armado con espadas y banderillas.

Un matador engaña a un toro con una muleta roja. La preocupación crónica te engaña con frases como «¿y si...?».

Cuando te dejas engañar terminas peleando con el tío Discusión y sintiéndote asqueado en un banquete que esperabas disfrutar. La mejor manera de calmar la situación con el tío Discusión es seguirle la corriente.

Tal vez esto no sea tan difícil como parece, porque hay algo chistoso sobre la preocupación.

Con frecuencia doy talleres sobre preocupación y ansiedad en conferencias profesionales de salud mental en Estados Unidos. Éstas suelen ser en grandes hoteles o espacios diseñados para conferencias con varios salones donde pueden impartirse múltiples talleres al mismo tiempo. En los descansos, mientras los participantes de otros talleres caminan frente a mi mesa, suele haber una reacción bastante interesante. Cuando las personas ven los carteles de una conferencia sobre la preocupación, normalmente ríen y dicen: «Oh, ¡me haría bien ir a esa conferencia!».

Nadie parece hacer eso frente a las mesas para conferencias sobre depresión, esquizofrenia, trastornos de la alimentación o cualquier otro taller. Realmente hay algo chistoso sobre la preocupación: podemos reconocerla si somos receptivos, y eso cambiará nuestra relación con ella cuando lo hagamos.

Responder a la preocupación crónica sin humor es como taladrar un diente sin anestesia, puedes hacerlo si lo necesitas, pero sería mucho más fácil y cómodo hacerlo con humor.

Recuerdo a una paciente que vino a verme, tenía casi 40 años, buscaba ayuda para su grave caso de ansiedad por la enfermedad. Ésta es una condición en la que las personas están extremadamente aterradas por terribles enfermedades, tanto que siempre buscan síntomas de alguna enfermedad y constantemente creen encontrar alguno, aun cuando no están enfermos. Durante nuestra primera reunión me dijo: «Toda la vida he tenido miedo de morir joven».

Le señalé que quizá ya era un poco tarde para eso, que lo más joven que podía morir era a la mitad de su vida. Después de que superó las ganas de darme una bofetada, se rio muchísimo y habló sobre todas las preocupaciones que había tenido y nunca estuvieron cerca de suceder. Exponer lo gracioso de su preocupación la ayudó a distanciarse emocionalmente de la molestia que sentía y a confrontar la trampa de la preocupación de manera más directa.

Recuerdo a otra paciente que buscaba ayuda para sus ataques de pánico. Frecuentemente los padecía en situaciones en las que alguien más podía verla, como en salas de espera o en el supermercado. No tenía miedo de que los ataques le hicieran daño, sino que la hiciera ver como si «estuviera loca» y asustar a todos a su alrededor. Uno de sus principales miedos era tener ojos saltones y su cabello erizado.

Pudimos haber pasado mucho tiempo hablando de las propiedades cinéticas del cabello y si era posible o no que su cabello se le erizara, pero eso parecía una pérdida de tiempo, semejante a tratar de discutir con tus preocupaciones. Mejor le pedí que hiciera algunas observaciones la próxima vez que tuviera un ataque de pánico y ella estuvo de acuerdo. Le pedí que tuviera siempre a la mano una regla de 15 centímetros y un espejo compacto, y cuando tuviera un ataque de pánico midiera qué tanto se había erizado su cabello.

Varios días después tuvo un ataque de pánico, en la sala de espera de su doctor. Salió corriendo de ahí y fue al vestíbulo, entonces recordó que debía medir su cabello. Se dirigió al baño, se paró frente al espejo y sacó su regla amarilla de la bolsa. La colocó sobre su cabeza y se vio en el espejo. Ahí estaba, sosteniendo una regla amarilla sobre la cabeza, ¡y se soltó a reír a carcajadas al ver esto! Ése fue prácticamente el fin de su preocupación por su cabello erizado.

Éste es un ejemplo de «seguirle el juego al miedo». Se trata de aceptarlo en vez de discutir con él y confrontar la situación tan concretamente como sea posible. Esto ayuda a que salga la parte graciosa de la preocupación y puede ser mucho más poderosa que la lógica y el raciocinio para tratar de debatir con ella y así cambiar tus pensamientos.

Previamente mencioné que tengo algunas canciones chistosas en mi sitio *web*. Éste es un fragmento de otra, los primeros versos de una canción que utiliza la tonada de *Folsom Prison* (mis disculpas a Johnny Cash):

Siento mi corazón acelerarse,
contengo mi respiración,
hace que me sienta mareado y
empiezo a pensar en la muerte.
Oh, creo que enloqueceré,
que mi corazón reventará;
dicen que eso nunca ha pasado.
¡Ja! ¡Apuesto que seré el primero!

Los que visitan mi sitio *web* aman esas canciones. ¿Qué hace que esas canciones sean tan graciosas? La letra simplemente describe el pensamiento típico de una persona que tiene un ataque de pánico. No agregué ningún chiste, pero las personas que tienen problemas de ataques de pánico y que regularmente experimentan lo que describe la canción se reirán al escucharlo en voz alta. Escuchar sus pensamientos en una canción hace que sea más fácil escuchar la parte graciosa, el engaño, y alejarse de sus respuestas usuales de repulsión y desesperación.

Freud hizo algunas observaciones interesantes sobre el humor. En algún momento llegó a sugerir que el humor tiene el propósito de guardar varios tipos de «energía mental» y después liberarlos. Describió «ahorros de energía mental» dedicados al enojo y al miedo cuando el individuo de pronto se da cuenta de que lo que parecía ser peligroso en realidad no lo es. También citó una liberación de energía mental dedicada a pensar cuando el individuo advierte de pronto que sus pensamientos son innecesarios. Es la energía que estaba aprisionada previamente en pensamientos excesivos innecesarios y las respuestas de luchar o escapar lo que alimenta esa respuesta graciosa llena de risa.[1]

Creo que es exactamente lo que le pasó a mi paciente en el momento en que se vio en el espejo con la regla amarilla sobre su cabeza. Todos esos pensamientos excesivos, esa respuesta de querer luchar o escapar, de repente fueron revelados como un malentendido y por eso soltó la carcajada.

Tal vez ya te hayas reído por alguna pregunta o experimento de los que sugerí en este libro. ¡Es bueno que lo hayas hecho! Hay algo gracioso sobre la preocupación y, si puedes tener contacto con esa parte, tendrás aún más ayuda para cambiar tu relación con la preocupación.

Quiero advertirte que esto sólo funciona si quien sufre preocupación encuentra el lado gracioso. Así que, amigos y familia de los preocupones crónicos, ¡no tomen esto como un permiso para burlarse de sus preocupaciones!

Eso es todo por mi parte en este libro. Espero que te haya ayudado y espero que te siga ayudando en tu camino para tener una mejor relación con la preocupación, que es parte de la vida de todos.

NOTAS

Capítulo 4

[1] Pittman, Catherine y Elizabeth Karle, 2009. *Extinguishing Anxiety*. South Bend, Indiana: Foliadeux Press.

Capítulo 5

[1] Baer, Lee, 2001. *The Imp of the Mind.* Nueva York: The Penguin Group.

[2] Hayes, Steven, Kirk Strosahl y Kelly Wilson, 1999. *Acceptance and Commitment Therapy*. Nueva York: The Guilford Press.

[3] *Idem*.

[4] Weekes, Claire, 1962. *Hope and Help for Your Nerves.* Nueva York: Penguin Books.

Capítulo 7

[1] Wegner, Daniel, 1989. *White Bears and Other Unwanted Thoughts.* Nueva York: Viking Penguin.

[2] Citado en Luoma, Jason, Steven Hayes y Robyn Walser, 2007. *Learning ACT*. Oakland, CA: New Harbinger Publications, 57.

[3] Hayes, Steven, Kirk Strosahl y Kelly Wilson, 1999. *Acceptance and Commitment Therapy*. Nueva York: The Guilford Press.

Capítulo 14

[1] Freud, Sigmund, 1905/1990. *Jokes and Their Relation to the Unconscious*. Nueva York: Norton.

El **doctor David A. Carbonell** es un psicólogo clínico especializado en el tratamiento de trastornos de ansiedad en Chicago, Illinois. Es el mentor en www.anxietycoach.com y autor de *Panic Attacks Workbook*.

La escritora del prólogo, la **doctora en psicología Sally M. Winston**, fundó y dirigió el programa de tratamiento de trastornos de ansiedad en el hospital The Sheppard and Enoch Pratt en Baltimore, Maryland. Fungió como presidenta del Consejo Clínico Consultor de la Asociación Americana de la Ansiedad y Depresión (ADAA, por sus siglas en inglés), y recibió el primer premio Jerilyn Ross Clinician Advocate otorgado. Es la coautora de *What Every Therapist Needs to Know About Anxiety Disorders*.